AF525059

POSITIVE PSYCHOLOGIE

Mehr Lebensfreude im Alltag

Wie Sie Ihre Ängste, Blockaden und Selbstzweifel sofort loswerden, effektiv Stress bewältigen und zu einer enorm starken Persönlichkeit werden

INHALT

Das erwartet Sie in diesem Buch

Wir leben heute in einer Zeit, unter deren Umständen Menschen noch nie lebten, arbeiteten oder handelten. Diesen Satz kann man sicher über jede Epoche und jede Generation so formulieren, jedoch spricht die heutige Zeit mehr denn je von Superlativen in jeglichen Bereichen. Niemals zuvor lebten Menschen mit einem derartigen Reichtum auf unserem Planeten, niemals zuvor war ein Gesundheitssystem so etabliert und integriert, niemals zuvor konnten so viele Menschen täglich das essen, wonach ihnen gerade der Geschmack stand, und niemals zuvor waren Bildung und Information so leicht zugänglich wie in unserer heutigen Zeit.

All diese Eigenschaften und Errungenschaften aus den letzten Jahrzehnten oder gar Jahrhunderten lösen eigentlich ein positives Gefühl in uns aus. Nichtsdestotrotz kann man wohl auch mit Fug und Recht behaupten, dass wir Menschen niemals zuvor so unglücklich waren oder das Gefühl hatten, unglücklich zu sein, wie das in der heutigen Zeit der Fall ist. Ein sicherer Indikator dafür ist die Entstehung der Psychologie als Wissenschaft, das Forschen nach Vorgängen und Prozessen im Gehirn, die unser Verhalten steuern. Ausschlaggebend für die Theorien der positiven Psychologie im Allgemeinen werden verschiedenste Studien gesehen, die genau das oben Beschriebene beweisen. Obwohl sich viele – aus unserer Sicht – wichtige Lebensbedingungen zum Positiven geändert haben, wie beispielsweise die politische Lage, die wirtschaftliche Sicherheit oder der Zugang zu Bildung, steigt die Auftretenswahrscheinlichkeit von Depressionserkrankungen und geht somit den genau umgekehrten Trend.

Somit war eine zentrale Erkenntnis der Studien, dass ein glückliches Leben, eine erfüllte Lebensart, nicht oder nicht so sehr von äußeren

Umständen abhängt, wie von Forschern und auch unserer Gesellschaft vermutet.

Lassen Sie sich ein auf eine Reise durch Ihre Gedanken und Gefühle, durch Ihr Gehirn und somit durch sich selbst. Erfahren Sie, auf welche Dinge es in Ihrem Leben wirklich ankommen sollte, und lernen Sie die Geschichte der positiven Psychologie mit all ihren Hoch- und Tiefpunkten kennen. Finden Sie einen Weg hinaus aus der tristen Welt und erfahren Sie, wie Ihnen durch praktische Tipps und Theorien ein Leben voller Glück, Vertrauen und Optimismus offenbart wird.

Psychologie im Wandel der Zeit

PSYCHOLOGIE ALS DISZIPLIN

Lange bevor sich die Psychologie Ende des 19. Jahrhunderts als Wissenschaft etablierte, entstand sie bereits als sogenannte Disziplin. Dies bedeutet lediglich so viel, dass man sich bereits zuvor mit Psychologie, also mit der Seele des Menschen und deren Erleben und Verhalten, beschäftigte. Anstelle von Wissenschaftlern beschäftigten sich vielmehr andere Berufsgruppen mit diesem Thema, wie beispielsweise Philosophen im antiken Griechenland oder im Römischen Reich, Theologen, die unser Verhalten und unsere Gedanken auf einen Gott bezogen, oder aber auch Mediziner, die Abweichungen der Norm als Krankheit sahen. All diese Berufsgruppen, die sich nicht direkt wissenschaftlich mit der Psychologie auseinandersetzten, waren über Jahrhunderte hinweg Wegbereiter für unser heutiges Verständnis von einem breiten Spektrum an Theorien und wissenschaftlichen Befunden, die in das Innere eines Menschen sehen lassen.

Bereits 400 v. Chr. entwarf der Philosoph Platon das sogenannte Schichtenmodell der Seele. Seiner Lehre zufolge hatte jedes Lebewesen und jedes Objekt, das sichtbar oder unsichtbar war, eine Seele. So hatten nicht nur die Menschen Seelen, sondern auch jede Pflanze, Gesteine, Tiere, Götter, Dämonen und sogar die Sterne am Himmel. Unsere Seele hat hierbei Teil sowohl an geistigen Abläufen als auch an sinnlichen Prozessen und ist somit Vermittler zwischen zwei Welten. Schon bei Platon ist sie nicht nur unsterblich, sondern auch unvergänglich und unzerstörbar, somit ist der Tod nur die Trennung von Körper und Seele. Platon untergliedert die Seele in drei essenzielle Teile, wonach er auch einen Menschen untergliedert: Zum einen untergliedert er das Begehren, wonach der Mensch, sollte er von diesem Glied dominiert werden, gewinnliebend und eigennützig denkt und handelt. Weiter unterteilt er in das Tatkräftige, wodurch ein Mensch siegliebend wird und dazu ehrgeizig. Zuletzt untergliedert Platon die Seele in den Teil des vernünftig Lenkenden. Hier besticht der Mensch durch Vernunft und sieht die Welt als Philosoph. Zu diesem genannten Schichtmodell der Seele gibt es freilich noch eine Vielzahl von Ausführungen anderer Philosophen des Altertums, jedoch stellte Platon ein erstes Konzept dafür auf.

Ein weiterer, wichtiger Schritt zu unserem heutigen Verständnis der Psychologie, ihren gedanklichen Prozessen und den damit verbundenen Problemen war die Forschungsarbeit von Avicenna um ca. 1000 n. Chr. Der persische Arzt und Philosoph begann bereits mit 17 Jahren mit dem Medizinstudium und verfasste über 400 Schriften, viele davon handeln von der Psychologie im Allgemeinen, jedoch beschäftigt sich Avicenna unter anderem auch schon mit psychischen Störungen und ihrem Zusammenhang zwischen körperlichem Befinden und dem Gefühlszustand. Vor allem verblüffend erscheint, dass er sich vor über 1000 Jahren bereits mit Begriffen wie Depression, Schizophrenie und Halluzination auseinandersetzte.

Über Vertreter wie Thomas von Aquin und René Descartes gelang die Psychologie schließlich zu dem, was sie heute ist: eine empirisch geleitete Wissenschaft. Zum ersten Mal wurde das Wort „psychologia 1574 vom Freiburger Professor Johann Thomas Freigius verwendet. Schon in seinem Werk verwendet er viele Begriffe, die man noch heute in der Psychologie findet. Die Zeit schritt voran und auch vor der Psychologie machte die Aufklärung mit ihren Philosophen, wie beispielsweise Gottfried Wilhelm Leibniz, nicht Halt. Vor allem aber durch Immanuel Kant wurde Psychologie zu dem, was sie heute ist. Für ihn konnte Psychologie nur empirisch sein, jedoch nicht so, wie im Bereich anderer Wissenschaften, etwa in der Biologie oder Physik, nein, er schilderte dies als „innere“ Empirie. Damit meinte Kant eine Art Selbstbeobachtung und somit den Gegensatz zu nach außen gerichteter Beobachtung wie in anderen Wissenschaften. Die nach innen gerichtete Beobachtung dient also dazu, das eigene Erleben und Verhalten aufzufassen und schließlich zu versuchen, diese in Worte zu fassen und letztlich zu analysieren. Dieser Prozess soll nach Kant zur Selbsterkenntnis führen, welche heute ein wichtiger Begriff im psychologischen Bereich der Psychotherapie ist. Im 19. Jahrhundert bereiteten dann noch Philosophen wie Arthur Schopenhauer oder Friedrich Nietzsche wichtige Beiträge auf dem Weg zur modernen Psychologie.

PSYCHOLOGIE ALS WISSENSCHAFT

Wie oben erwähnt, wird die Psychologie schließlich Ende des 19. Jahrhunderts zur empirischen Wissenschaft. Das erste Labor zur Erforschung psychologischer Phänomene wurde durch Wilhelm Wundt an der Universität Leipzig 1879 eröffnet und seitdem wurde Psychologie aus naturwissenschaftlicher Sicht gelehrt. Er selbst führte hier viele Experimente durch, die sich vor allem mit der Wahrnehmungspsychologie beschäftigen, und war somit Begründer der Leipziger Schule. Aus heutiger Sicht, aufgrund der Literaturauswahl im Bereich Psychologie, kaum zu glauben, aber wahr, entstand von Deutschland aus eine Bewegung der eigenständigen Wissenschaft der Psychologie, die sich auf der ganzen Welt herumsprach, verteilte und schließlich ebenso an den Hochschulen und Universitäten gelehrt wurde. Es folgten schnell große Universitäten, wie die Sorbonne in Paris oder auch die Johns-Hopkins-Universität in Baltimore, woher das berühmte „American Journal of Psychology" stammt.

In den weiteren Jahren, nach Beginn des 20. Jahrhunderts, entstanden im Bereich der empirischen Psychologie viele Teilbereiche, die heute von Universität zu Universität verschieden gelehrt werden. Vor allem hat sich die allgemeine Psychologie mit dem Behaviorismus durchgesetzt. Der wichtigste Vertreter des Behaviorismus, also der Verhaltenslehre, ist John B. Watson, der 1913 hierüber seine erste Arbeit veröffentlichte. Behaviorismus beschäftigt sich nach Watson vor allem mit dem Verhalten von Menschen und nutzt hierfür ausschließlich naturwissenschaftliche Methoden und somit keine Introspektion, die innere Beobachtung. Im Genaueren handelt er weiterhin von operantem und instrumentellem Konditionieren und versucht somit, das menschliche Verhalten zu erklären und auch zu verändern. Im Bereich der praktischen Psychologie stützt sich heutzutage beispielsweise die Desensibilisierung von Menschen mit einer Phobie auf die Theorien des Behaviorismus.

Defizitorientierte Psychologie

Wie oben beschrieben, versteht die Psychologie ihre Aufgabe darin, zu analysieren, wie sich Menschen in ihren individuellen Umfeldern verhalten und wie sie weiterhin ihre eigenen sozialen Kontakte und Gemeinschaften erleben, was sie sich dabei denken und wie sie mit ihrem Verhalten versuchen, Umstände beizubehalten oder zu verändern. Eine wichtige Quelle in der defizitorientierten Psychologie stellt – wie oben erwähnt – die Entwicklung des Behaviorismus dar, der sich vor allem für wahrnehmbares und messbares Verhalten interessiert und weniger für Prozesse, die im Gehirn oder anderen Nervenbahnen vor sich gehen.

Ganz strickt und naturwissenschaftlich soll im Behaviorismus das sichtbare Verhalten von Lebewesen beobachtet und analysiert werden, ohne ein spezielleres Eingehen auf Prozesse, die während einer Reizeinwirkung auf ein Lebewesen bis hin zur darauf gezeigten Reaktion im mentalen und kognitiven Bereich eines Gehirns vor sich gehen. Laut Behavioristen entsteht oder existiert in einem Lebewesen eine sogenannte Black Box, die für Außenstehende nicht zugänglich ist und somit auch nicht beobachtet oder analysiert werden kann. Ein Reiz trifft also auf eine Black Box und löst eine Reaktion aus, wobei das Beobachtbare der Reiz und die Reaktion sind, darauf sollte es ankommen.

Vor allem wollte man mit dem Behaviorismus, wie auch mit anderen, zeitgleich entstanden psychologischen Strömungen, Verhaltensweisen erkennen und verändern, somit lag das Hauptaugenmerk auf den Defiziten unseres Verhaltens und unserer Denkweisen. So auch in der Strömung der Psychoanalyse, die Sigmund Freud in Wien begründete. Sein Ansatz war im Grunde zwar ein völlig differenzieller, jedoch war sein Ziel ein ähnliches: Verhalten zu erklären und zu verstehen und möglichst in ein besseres oder gesellschaftsfähiges zu ändern. Auch er ging also vom Defizit des Menschen aus. Freud legte seinen Fokus vor allem auf den kognitiven Prozess im Menschen, der zwischen einer Reizkonfrontation und eines daraus folgenden Verhaltens vonstattenging. Er spezialisierte sich auf die Erforschung der Black Box, wie sie im Behaviorismus genannt wurde, wodurch sich viele weitere Strömungen der kognitiven Psychologie auf Freud beriefen. Vor allem wird der Mensch oder ein anderes Lebewesen als informationsverarbeitender Organismus angesehen, den es zu erforschen gilt. Im Laufe des 20. Jahrhunderts und durch die Entwicklung des Computers und der mit ihm durchführbaren Wissenschaften konnte die kognitive Psychologie weiter an Fortschritt in der Forschung gewinnen. Heute versucht man, diesen Organismus im Gehirn, auch Black Box genannt, mit verschiedensten Techniken zu erforschen, vor allem durch multidimensionale, neurophysiologische Geräte lassen sich kognitive Prozesse auch messbar und vor allem analysierbar machen. Ziel ist es – wie erwähnt –, diese Prozesse auch veränderbar zu machen, sozusagen Defizite auszumerzen.

FORSCHUNGSFELDER DER HEUTIGEN PSYCHOLOGIE

Sozialpsychologie

Die Sozialpsychologie interessiert sich für und erforscht vor allem menschliche Interaktionen untereinander, von Kleingruppen von zwei Personen bis hin zu Masseninteraktionen. Neben der Psychologie ist die soziologische Wissenschaft ein wichtiger Bestandteil der Erforschung sozialer Interaktionen, wobei beide gemeinsam versuchen, kognitive und verhaltensorientierte Prozesse zu erforschen. Die Sozialpsychologie bemüht sich um Antworten auf die Frage, welche Auswirkungen eine Gesellschaft oder eine Gruppe auf die kognitiven Prozesse eines Individuums und dessen Verhalten haben und umgekehrt.

Klinische Psychologie

In der klinischen Psychologie geht es – wie der Name schon sagt – vor allem um psychische Störungen und auch um kognitive Krankheiten. Sie versucht, diese zu erkennen, zu verändern und auch dem Ausbruch solcher Störungen vorzubeugen. Dieser Zweig der Psychologie ist vor allem im medizinischen Bereich ein großer Faktor. Hierfür versucht sie sowohl Ausgangssituationen einer psychischen Störung zu untersuchen als auch das individuelle Erleben einer solchen Krankheit zu erfahren und das daraus resultierende Verhalten zu erforschen. In diesen Prozessen befasst sich die klinische Psychologie neben kognitiven Aspekten auch mit emotionalen, sozialen und verhaltensbezogenen Bereichen.

Gruppen- und Organisationspsychologie

In der Gruppen- und Organisationspsychologie geht es zu größten Teilen um Abläufe und menschliches Verhalten in der Arbeitswelt sowie um die Korrelation zwischen Individuum und Arbeitsumfeld. Sie versucht, sehr gezielt eine Analyse der Motivation oder der Zufriedenheit an Arbeitsplätzen zu erforschen und zu verbessern. Praktische Anwendung findet die Gruppen- und Organisationspsychologie vor allem in Personalabteilungen großer Unternehmen und dort in Abteilungen des Mitarbeitermanagements oder in Bereichen von Fortbildungen und Gesundheitsfragen.

Alle aufgeführten Felder der Psychologie, die natürlich noch erweitert werden können, um eine Vielzahl von psychologischen Feldern, wie die pädagogische Psychologie oder die Persönlichkeitspsychologie, zählen zur genannten defizitorientierten Psychologie, die von lebenserschwerenden Prozessen in kognitiver Hinsicht und daraus resultierenden Verhaltensweisen ausgeht. An diesen Prozessen setzt sie an und versucht, sie zu verändern, im Idealfall zu verbessern. Somit steht sie im exakten Gegensatz zur positiven Psychologie, die für ein lebenswertes

Leben voller Glück und Wohlbefinden nicht nur Defizite ausmerzen will, sondern auch Konzepte entwickelt, in denen man aktiv an glücklichen Gefühlen arbeitet.

Überblick zur positiven Psychologie

GRUNDLAGEN DER POSITIVEN PSYCHOLOGIE

Was genau ist nun positive Psychologie? Ist sie eine ähnlich trockene Wissenschaft wie andere Teilbereiche der Psychologie oder gar ausschließlich theoretisch zu verstehen? Ganz und gar nicht. Im Gegenteil: Das Hauptaugenmerk der positiven Psychologie ist gerichtet auf ein glückliches oder glücklicheres Leben und ein gewisses Aufblühen, welches sowohl Individuen als auch eine ganze Gesellschaft betreffen kann. Natürlich bleibt sie dabei eine empirische Wissenschaft und stützt sich auf Theorien und Forschung, denn sie basiert, wie andere ihrer Art, auf der Grundlage quantitativer und qualitativer Methoden, wie beispielsweise Beobachtungen, Beschreibungen, Analysen und Diskussionen oder Veränderungen. Dennoch kann man sagen, dass sich die positive Psychologie vor allem über ihre praktische Anwendung und spürbaren Ergebnisse charakterisiert. Man könnte sie auch anders nennen, wie zum Beispiel die Wissenschaft, die Sie befähigt, ein gelingendes und glückliches Leben zu führen.

Wie eben erwähnt, steht nichtsdestotrotz die empirische Forschung im Mittelpunkt, in der es vor allem um menschliche Charakterzüge und Möglichkeiten geht. Welche Stärken haben Sie? Welches Potenzial verbirgt sich in Ihrem Inneren? Und was bedeutet überhaupt Wohlbefinden für Sie und für andere? Wie Sie sich sicherlich denken können, sind die Forschungsbereiche in der positiven Psychologie breit gefächert. Ein wichtiges Feld ist beispielsweise die Auswirkung positiver Emotionen auf Ihren Alltag, auf Ihre psychische Verfassung und damit einhergehend auch auf Ihren körperlichen Zustand. Weiterhin sind Erlebnisse von sogenannten Flow-Erfahrungen, eine besondere Situation der

Schaffenskraft und -lust, die sich zwischen Unter- und Überforderung abspielt, ein interessantes und hilfreiches Forschungsfeld. Zuletzt kann man in diesem Zuge ebenfalls die Bedeutung sozialer Beziehungen nennen, die zweifelsohne eine Auswirkung auf Ihr Leben und dessen positive Gefühle hat. Auch dies lohnt es sich zu erforschen. Natürlich geht es in der positiven Psychologie vor allem um Arten der Selbstverwirklichung und eine gewisse Entfaltung und Verbesserung Ihrer eigenen Persönlichkeit, jedoch nicht bis aufs Letzte und nicht ausschließlich, denn aus Forschungen geht hervor, dass auch die gerade genannten sozialen Beziehungen und ein menschliches Denken, welches über dessen Bedürfnisse und innere Abläufe hinausgeht, eine höchst relevante Rolle spielen.

GESCHICHTE DER POSITIVEN PSYCHOLOGIE

Als das Berühmtwerden der positiven Psychologie Ende des 20. Jahrhunderts immer weiter fortzuschreiten schien, stellte dies in gewisser Weise einen Bruch mit den sonstigen Bereichen der Psychologie dar, die gut und gern als „Mainstream“ bezeichnet werden können. Wie oben beschrieben, beschäftigte sich die Psychologie seit jeher und vor allem die empirisch geleitete Psychologie des 20. Jahrhunderts mit negativem Verhalten und Erleben. Man wollte psychische Erkrankungen, wie beispielsweise Schizophrenien, Phobien oder Depressionen, kennenlernen, verstehen und darauf hinarbeiten, diese Verhaltensweisen zu ändern, also praktisch zu heilen. Dies stellt also eine klare Defizitorientierung dar, welcher die positive Psychologie versuchte und immer noch versucht, entgegenzuwirken. Eine wichtige Personalie in der Entwicklung weg von der „alten“ Denkweise hin zur „neuen“, positiven Forschung und somit hin zur positiven Psychologie war zweifelsohne der US-amerikanische Psychologe Martin Seligmann. Als er 1998 Präsident der American Psychological Association wurde, setzte er mit seiner ersten

Rede den neuen Kurs der psychologischen Forschung mit der Manifestation der Aspekte des aufblühenden Lebens und benutzte hier zum ersten Mal den Begriff der positiven Psychologie. Ähnlich, wie sich die Welle der empirischen psychologischen Forschung von Deutschland in die Welt ausbreitete, geschah dies nun genau andersherum von den USA aus in die ganze Welt, eine angepasste Institution wurde im Jahr 2000 mit dem europäischen Forschungsnetzwerk gegründet. Auch in Deutschland ist der Bereich der positiven Psychologie seit dem Jahre 2015 in Form der Deutschen Gesellschaft für Positive-Psychologische-Forschung an der Universität Trier etabliert.

ELEMENTE DES GELINGENDEN LEBENS

Die positive Psychologie beinhaltet nach Seligman verschiedenste Elemente des gelingenden Lebens. Diese Elemente gelten heute als empirisch begründet und tragen somit definitiv zu einem individuellen Gefühl des Aufblühens und des Wohlbefindens bei. Sie werden im sogenannten PERMA-Schema, welches in fünf wesentliche Elemente, die da heißen *Emotions, Engagement, Relationship, Meaning und Accomplishment,* eingeteilt ist. In die deutsche Sprache übersetzt bedeuten sie der Reihe nach: positive Emotionen, Engagement, soziale Beziehungen, Sinnerleben und Leitung. Jedes einzelne dieser genannten fünf Elemente des PERMA-Schemas erfüllt wiederum drei Charakteristiken. Diese sind zum einen ein vorteilhaftes Beteiligen am menschlichen Wohlbefinden. Ein weiteres Kriterium ist, dass eine ausreichende Masse an Menschen genau diese Charakteristiken um des eigenen Selbst willen anstrebt. Der letzte Punkt, den die Elemente beinhalten müssen, ist, dass diese sich komplett unabhängig von den anderen Elementen abgrenzend definieren lassen und auch unabhängig von diesen messbar gemacht werden können.

Positive Emotionen

Hierzu existiert die sogenannte Broaden-and-Build-Theorie nach der Psychologin Barbara Fredricksons, deren Basis eine Vielzahl von Bilanzen zu Resultaten positiver Emotionen ist, die darüber hinaus weitere Fähigkeiten des Menschen aktiviert, welche zum Wohlbefinden des Individuums beitragen. Einfach formuliert besagt die Theorie von Barbara Fredrickson, dass Emotionen die Aufnahmefähigkeit und das Verhalten des Individuums beeinflussen können. Vor allem durch positive Emotionen, wie beispielsweise Hoffnung, Liebe, Entspannung, Euphorie oder Harmonie, entsteht demnach zum einen eine offene Bewusstseinslage (Broaden-Effekt) und zum anderen eine Unterstützung des langfristigen Fähigkeits- und Kompetenzaufbaus (Build-Effekt). Werden diese positiven Emotionen durch einen Menschen empfunden, wirken sie sich zwar nicht direkt auf die lebensschützenden Maßnahmen aus, aber es wird automatisch eine Basis für Tätigkeiten oder Verhaltensweisen konstruiert, die für das jeweilige Individuum zu überdauernden und stetig nutzbaren Fähigkeiten führen können.

Engagement

Das Element „Engagement" behandelt vor allem die oben schon erwähnten Flow-Erfahrungen. Flow bezeichnet im Deutschen eine Art Fließen oder Strömen. Vor diesem Hintergrund erscheint die Beschreibung einer solchen Flow-Erfahrung sehr einleuchtend: Der „Flow" beschreibt hier einen Zustand des Menschen, in dem er in seiner momentanen Aufgabe oder Tätigkeit ohne ein einziges Widerstreben vollkommen aufgeht und welche sich praktisch wie von selbst erledigt. Hierbei erfährt er ein enorm betörendes Gefühl eines kognitiven Zustandes, in dem er völlig vertieft in dieser Aufgabe arbeitet und dabei überströmt ist von Glücksgefühlen. Vor allem der amerikanisch-ungarische Forscher Mihály Csíkszentmihályi ist ein wichtiger Vertreter der Theorie der Flow-Erfahrungen. Insbesondere in Bereichen der Chirurgie und des

Extremsports konnte er eine Vielzahl von Anzeichen der Bestätigung der Theorie feststellen und bezeichnete sie hier als optimale Erfahrung. Wie oben erwähnt, entsteht der „Flow“ am ehesten in einem kognitiven Bereich zwischen Überforderung, welche Angst zur Folge hat, und Unterforderung, welche Langeweile zur Folge hat. So ist die Person von ihrer aktuell ausgeführten Tätigkeit komplett vereinnahmt und konzentriert jegliche, zur Verfügung stehende Aufmerksamkeit auf den gegenwärtigen Moment und die jeweilige Aufgabe oder Tätigkeit. Je nach Individuum sind solche Flow-Erlebnisse jedoch auf differenzierteste Art zu spüren und wahrzunehmen, somit existiert keine klare und praktisch angelegte Definition einer Flow-Erfahrung. Es ist allerdings bekannt, dass sie in bestimmten Fällen zu hypnotischer oder ekstatischer Trance aufgeht.

Soziale Beziehungen

Nicht nur ein wichtiger Teil des PERMA-Schemas stellen soziale Bindungen dar, sondern, nach der Selbstbestimmungstheorie der Motivation, ebenfalls einen elementaren Part der drei psychischen Grundbedürfnisse des Menschen. Diese drei psychischen Grundbedürfnisse des Menschen sind die eben erwähnten sozialen Beziehungen oder die Eingebundenheit sowie das Streben nach Autonomie und das Kompetenzerleben. Diese Grundbedürfnisse werden nicht – wie viele andere Verhaltensweisen – im Laufe des Lebens gelernt, sondern sind von Geburt an in einem Menschen verankert und dazu auch noch sehr elementar, um ein Überleben in der Welt zu sichern.

Das Hinarbeiten auf das Eingehen sozialer Beziehungen ist hier ein natürlicher Prozess, in dem der Mensch Ziele anstrebt, die sein jeweiliges Verlangen nach sozialer Anerkennung und sozialer Offenbarung verwirklichen lassen. Eine wissenschaftliche Forschung, in der die Relevanz positiver sozialer Beziehungen und sozialer Einbindung für ein Gefühl eines eigenen, gelingenden Lebens untersucht wurde, wurde hierzu durch die sogenannte Grant-Langzeitstudie vorangetrieben. Hier wurden an der Universität Harvard über 75 Jahre hinweg hunderte Menschen untersucht, um ein Ergebnis über wahrhaft glücklich machende Faktoren zu erlangen. Durch Blutbilder, Verfolgung der Lebensgeschichten und Hirnscans konnte eindeutig belegt werden, dass wahre und persönliche Bindungen zu anderen Menschen die wichtigsten Indikatoren für ein glückliches Leben darstellen. Im Gegensatz dazu lässt sich eine Abwesenheit sozialer Beziehungen mit einer Vielzahl psychischer Erkrankungen als Folge analysieren. Beispielsweise folgt aus wenigen oder keinen sozialen Bindungen ein gewisses unglückliches Empfinden, welches weiter zu Depressionen oder anderen Formen psychischer Erkrankungen führen kann. Es ist demnach unmöglich, ein glückliches Empfinden und ein individuelles Wohlempfinden zu verspüren, wenn man sich gleichzeitig in einer hohen sozialen Isolation befindet.

Sinnerleben

Das Element Sinnerleben stellt einen weiteren wichtigen Punkt für ein gelingendes Leben dar. Es ist in gewisser Weise als selbst transzendente Domäne anzusehen, welche der Psychologe Viktor E. Frankl bezeichnete. Im Grunde bedeutet dies, dass Menschen und weiter ihr eigenes Sein auf äußere Dinge, auf Dinge, die über sie selbst hinaus gehen, verweisen, da diese nicht sie selbst sind. Indem der Mensch so praktisch mit anderen Menschen in Kontakt tritt, verwirklicht er sich selbst. Frankl definiert Sinn folgendermaßen: „Im Dienst an einer Sache oder in der Liebe zu einer Person erfüllt der Mensch sich selbst. Sich selbst verwirklichen kann er also nur in dem Maße, in dem er sich selbst vergisst, in dem er sich selbst übersieht." Auch Seligman und Csíkszentmihályi übernahmen diese Idee der Selbsttranszendenz. Weiterhin verstehen sie das Sinnerleben nicht rein intentional oder auf den Menschen persönlich bezogen, sondern erkennen in diesem Erleben eine Art kulturelle oder gesellschaftliche Vorgabe, die erst ein sinngebendes Ziel vorgibt.

Leistung

Das letzte der fünf Elemente des Wohlbefindens beinhaltet die Leistung, die nach Seligman nur positiv gedeutet werden kann, wenn sie eine Art glückliches Gefühl auslöst, indem man über Auffassungsgabe und Errungenschaften verfügt und angetrieben wird. Dies ist sehr nahe an einer Art Glauben an sich selbst angelehnt, praktisch am Glauben an seine eigene Handlungsbegabung. Nicht mit Leistung assoziiert wird hier das ökonomische Leistungsprinzip, das man beispielsweise aus einer funktionierenden Gesellschaft kennt, wo Leistung etwa bedeutet, geleistete Arbeit durch die dafür benötigte Zeit. Vielmehr bedeutet Leistung eine Art Selbstspiegelung, also ein gewisses Reflektieren über sich selbst oder auch andere Lebewesen und Lebensinhalte.

Laut der Psychologin Michaela Brohm-Badry, die an der Universität Trier lehrt und forscht, sollte sich unser Leistungsverständnis, welches durch zu starke Fokussierung auf den Wettbewerb schädlich geworden ist, zugunsten einer gerechteren und entspannteren, ruhigeren Alternative entwickeln. Durch das existierende Leistungsprinzip verliert das Individuum an Bedeutung und psychische Krankheiten, wie Depressionen oder Demotivation, sind auf dem Vormarsch. Brohm-Badry plädiert für ein humanistisches Leistungsschema, in dem Leistung natürlich den Faktor Arbeit innehat, dieser jedoch mit dem Faktor Wohlbefinden multipliziert wird und dann erst durch die dafür benötigte Zeit geteilt wird.

ZUKUNFT DER POSITIVEN PSYCHOLOGIE

Wie eingangs erwähnt, wird die positive Psychologie nicht nur bei einzelnen Menschen durch Psychiater angewandt, sondern sie breitet sich zunehmend als eine gesellschaftsfähige Maßnahme für ein glücklicheres Leben aus und wird in diesem Zuge auch in vielen Unternehmen und Institutionen heute schon als Mittel der Wahl herangezogen. Natürlich ist die individuelle Ebene, also das Wohlbefinden des Einzelnen, ein wichtiger Aspekt der positiven Psychologie geblieben und somit steht im Bereich der kleinsten Ebene vor allem die Frage im Raum, wie persönliche, psychische Möglichkeiten für ein gelingendes und glückliches Leben in Anspruch genommen werden können. Hier findet die positive Psychologie, vor allem im Bereich von Tugend oder Charakterstärken, einfachen Anschluss an die ethischen Lehren der Antike. Vor allem damals hatten die Ansätze eine erstaunlich praxisbezogene Anlage.

Wie eben genannt, sind auch Institutionen verschiedenster Art, wie Hochschulen oder Unternehmen, schon mehrfach gewinnbringend mit positiver Psychologie in Kontakt getreten. Bei einem vermehrten Auftreten psychischer Erkrankungen in globalen, aber auch in kleineren Unternehmen und mittlerweile ebenfalls an Hochschulen wird der positiven Psychologie eine immer größer werdende Relevanz zugesprochen. Die Frage des Glücklichseins und des Wohlbefindens im Leben ist natürlich besonders in den eben genannten Fällen von großer Bedeutung, weiterführend geht es aber um einen gesamtgesellschaftlichen Zusammenhang, der auf die verschiedensten Felder Einfluss nimmt, wie beispielsweise auf die politischen Bereiche der Gesundheit, der Umwelt oder vielen anderen. Die Qualität des Lebens und das Wohlbefinden jedes einzelnen gewinnt also zwangsläufig an weiterer Bedeutung und Regierungen weltweit kümmern sich um die Frage, alternative Wohlstandsindizs zu entwickeln, um sich ein tiefergehendes Bild von der psychischen Lage der Menschheit zu machen.

Persönliche Stärken

WELCHE SIND IHRE STÄRKEN?

Grundsätzlich lässt sich über Stärken im Allgemeinen sagen, dass sie vor allem individueller Natur sind, das bedeutet, nur Sie allein haben die Stärken in dieser Kombination, in der Sie sie haben, und kein Mensch sonst. Ihre Stärken entstehen aus permanenten Gedanken, die Sie immer wieder erleben und die weiter zu Gefühlen und schließlich zu Verhaltensweisen werden. Weiterhin sind Stärken positiv, das bedeutet, sie geben Ihnen Kraft, Energie und befähigen Sie zu Bestleistungen. Bestleistungen sind hier nicht nur im physischen Sinne zu verstehen, sondern auch im kognitiven und mentalen Bereich führt Verhalten, das von Stärken unterstützt wird, zu positiven Leistungen. Beispielsweise wird es Ihnen dadurch ermöglicht, eine klare und fließende Aussprache an den Tag zu legen, eine gesündere Körperhaltung einzunehmen, einen deutlicheren Zusammenhang zwischen Gesagtem und Gesichtszügen zu übermitteln, und Sie wirken bei Ihrem Gegenüber, ob eine oder mehrere Personen, um ein Vielfaches charmanter und erhalten dadurch eine höhere Aufmerksamkeit.

Trotz einer evidenzbasierten und bestätigten Forschung dieser Theorien wird dennoch für gewöhnlich an Schwächen von Personen gearbeitet und versucht, diese zu minimieren oder gänzlich verschwinden zu lassen, was lange Zeit in Anspruch nehmen kann, da es über Jahre gelernte Prozesse sein können. Die Gründe der geringen Fokussierung unserer Stärken können unterschiedlicher Herkunft sein. Beispielsweise sattelt unsere Genetik fest auf einer Problem- und Gefahrentheorie. Wer demnach Gefahren erkennt, sie ausmerzt und sich darüber hinaus aufmerksamer und vorsichtiger verhält, überlebt und pflanzt sich somit fort. Dieser genetische Faktor wird dadurch vererbt. Ein weiterer Grund ist, dass unsere Wahrnehmung, aus welchen Gründen auch immer, eher durch negative Reize gefesselt wird, wodurch Sie sich auf die dringlich scheinenden Probleme konzentrieren. Ebenfalls sind im Laufe der Jahrhunderte von Gesellschaft zu Gesellschaft verschiedenste Werte- und Normvorstellungen entstanden und somit ist die Vermittlung von einem Selbstbild, das auf Stärken bezogen ist, in unserer westlichen Gesellschaft, wie auch in den meisten anderen Zivilisationen der Erde, ein eher negativer Charakterzug. In den letzten Jahrzehnten ist in unserer Gesellschaft eine gewisse „positive Feedbackkultur“ entstanden, zuvor war dies allerdings lange nicht der Fall, wodurch viele Menschen nicht auf ihre Stärken hingewiesen wurden und ihnen diese heute folglich gar nicht bewusst sind. Vor allem in den wichtigen Entwicklungsjahren eines Menschen ist es enorm wichtig, die Stärken von den jeweiligen Individuen herauszuarbeiten und zu fördern. Schlussendlich ist in unserer Gesellschaft aber immer noch ein weiterverbreitetes Gedankengut zu vernehmen, welches das Verändern oder Löschen von Schwächen für eine positive Entwicklung einer Person gegenüber dem Fördern der jeweils eigenen Stärken bevorzugt.

Eine geeignete Übung zum Fördern Ihrer persönlichen Stärken ist der sogenannte Coaching-Impuls nach dem Buchautoren und Psychologen Robert Biswas-Diener. Es stellt ein Gespräch über Ihre Stärken dar und kristallisiert diese heraus. In diesem sogenannten Stärkengespräch spricht einer der beiden Gesprächspartner über seine individuellen Stärken und verbindet sich auf diese Weise emotional mit der anderen Person des Gesprächs. Nehmen wir an, Sie erzählen von Ihren Stärken und treten so mit Ihrem Gegenüber in Kontakt, versuchen Sie dabei, in kurzen Sätzen Ihre Stärken herauszuarbeiten und offenzulegen und kommen Sie so in einen gewissen Kurzgeschichten-Modus. Zunächst berichten Sie von schon erlebten Ereignissen, also von Ihrer Vergangenheit. Erzählen Sie über Aktivitäten in Ihrem Leben, die Sie selbst durchgeführt haben und auf die Sie sehr stolz sind. Schildern Sie weiter Fähigkeiten oder andere Dinge, die Sie gut absolviert haben und gern machen.

Kommen Sie folgend zur Gegenwart, wobei Sie über ähnliche Umstände berichten wie in der Vergangenheit, nur dass sich diese auf Ihre persönliche Gegenwart beziehen sollten. Worauf sind Sie heute stolz? Was machen Sie zurzeit sehr gern und worin sind Sie momentan besonders gut? Letztendlich erzählen Sie noch von Ihrer nahen Zukunft. Mit Ihrer nahen Zukunft sind die nächsten Wochen und Monate und somit eher eine kurzfristige Zeitspanne gemeint. Geben Sie also preis, auf welche Ereignisse oder Erfahrungen Sie sich in den nächsten Wochen und Monaten besonders freuen, und berichten Sie von zukünftigen Fähigkeiten und Stärken, die Sie dadurch erlangen wollen. Die Folgen eines solchen Gesprächs können wahre Wunder bewirken, denn danach werden Sie sich vielleicht selbst erst über Stärken bewusst, die Sie ohne eine solche Erzählart nicht an sich entdeckt hätten.

Sie sehen also, Stärken sind ein zentrales und elementares Thema in der positiven Psychologie.

Wie oben erwähnt, gelten Stärken als absolut persönliches Merkmal und sind von Person zu Person unterschiedlich und somit vielfältiger Art. Menschen lassen sich also nicht auf einzelne oder wenige Stärken reduzieren, sondern jede einzelne Stärke muss gefördert werden. Durch eine Lerngeschichte entwickeln Individuen ihre eigene Stärke und erst im Laufe des Lebens eines Menschen kristallisieren sich weitere Stärken heraus und finden mit Förderung dieser auch ihre positive Wirkung. Der Satz, „Man lernt nie aus", ist hier also definitiv zutreffend, denn Stärken entstehend keineswegs einfach so und sind schon gar nicht angeboren. Die Entwicklung von Stärken ist abhängig von Förderung und vor allem von Lebens- und Altersphasen, in denen sich ein Individuum befindet.

Weiterhin kann man wohl sagen, dass Stärken sich nicht zwischen Personen vergleichen lassen, somit nicht in eine Art System fallen und letztendlich nicht kategorisiert werden können. Es ist hier also als unvorteilhaft anzusehen, dass man Menschen aufgrund ihrer Stärken kategorisiert und das Auftreten von Stärken feststellt. Viel interessanter und auch wertvoller ist der Blick auf die Charakteristik und die Prägnanz der jeweiligen Stärke einer Person. Stärken werden so zu Merkmalen, die sich über ein Leben hinweg kategorisierungslos beschreiben lassen, und entfalten so erst ihre positive Wirkung. Versuchen Sie also nicht, sich mit anderen Menschen und deren Stärken zu vergleichen. Ihre Benutzung Ihrer individuellen Stärken kann in keiner Skala erfasst werden und verglichen werden. Genau das macht Ihre Stärken so individuell und kraftvoll.

Ebenfalls ist eine Stärke niemals bedingungslos. Man kann – wie eben erwähnt – nicht einfach sagen, dass derjenige diese Stärke hat oder derjenigen diese eine Stärke fehlt. Stärken werden situations- und bedingungsabhängig eingesetzt. Somit kann man sagen, dass auch Ihre Stärken kontextbezogen sind: Wann setzen Sie beispielsweise wie viel von dieser Ihrer Stärken ein und wann setzen Sie von einer wiederum anderen Stärke weniger ein? Dies hat zur Folge, dass Stärken zwar individuell einzigartig gesehen werden, sie zusätzlich aber auch von Umwelteinflüssen abhängig sind und in verschiedenen Situationen ebenfalls unterschiedlich eingesetzt werden können.

STÄRKEN IHRER PERSÖNLICHKEIT

Welche sind die Stärken Ihrer Person? Wie zeichnet sich Ihr Charakter aus? Diese Fragen sind in der positiven Psychologie von immenser Bedeutung und haben in der Entfaltung eines Menschen vom Kind bis zum Erwachsenen eine hohe Relevanz. Um Stärken oder einen „guten" Charakter zu erforschen und bei sich selbst zu entdecken, muss zunächst der unumgängliche Schritt begangen werden und der Begriff des „guten" Charakters einheitlich definiert werden. Hier stellen sich die weiteren Fragen, was diesen nun ausmacht. Sind es aktive Verhaltensweisen, die gezeigt werden, oder sind es jene, die nicht gezeigt werden? Kann man einen Charakter kategorisieren oder ist er individuellen Umständen angepasst?

All diese Fragen sind wichtig, wenn Sie sich über Ihren eigenen Charakter und die Stärken Ihrer Persönlichkeit Gedanken machen. Geht man nach dem Grundgedanken der positiven Psychologie, sollte zumindest klar sein, dass man für einen „guten" Charakter etwas tun muss, denn es genügt nicht nur, das Schlechte zu unterlassen, sondern man muss auch das Gute im Blick haben. Dies hat zur Folge, dass hierfür ein aktives Handeln benötigt wird, wenn man über Persönlichkeitsstärke sprechen möchte. Im Gegensatz zu Ihren Stärken ist Ihr Charakter eine stetige Norm, die sich zwar im Laufe Ihres Lebens weiterentwickeln kann, jedoch ändert sich Ihr Charakter normalerweise nicht plötzlich und er macht Sie über lange Zeit aus.

Es besteht eine sogenannte VIA-Klassifizierung, in der 24 Charakterstärken aufgelistet sind, die nach internationalen und umfassenden Umfragen aufgestellt wurden. Diese Persönlichkeitsstärken sind verschiedenen Tugenden untergeordnet und gehen jeweils nochmals in die Tiefe.

Die Tugenden – sechs an der Zahl – werden im Folgenden aufgelistet:

- Weisheit und Wissen
- Mut
- Humanität
- Gerechtigkeit
- Mäßigung
- Transzendenz

Weiter werden die Tugenden und die dazugehörigen Persönlichkeitsstärken genauer definiert.

<u>Weisheit und Wissen</u>

Kreativität, Originalität und Einfallsreichtum: Diese drei

Begriffe kennzeichnen sich, indem sie in problematischen Situationen andere und sinnvollere Wege als ursprünglich geplant finden, um an ein Ziel zu kommen. Somit kommt es in solchen Lebenslagen zu außergewöhnlich sonderbaren Leistungen einer Person und die Charakterstärke zeigt sich meist in mehreren Lebenslagen. Ein Individuum, welches diese Stärke nicht besitzt, bleibt meist bei gewöhnlichen Problembearbeitungsschemata, die es dann aber schnell scheitern lassen oder wenig Glückgefühle einbringen. Nichts ist doch schöner, als eine problematische Situation mit hohem Intellekt zu einer erfolgreichen Lage zu verändern.

Neugier und Interesse: Ist ein Mensch neugierig, so beschäftigen ihn viele Dinge in seinem Leben, die er nicht kennt, und er neigt dazu, Lebensumstände und Bereiche in seinem Leben interessant und gar eine Art Zauber in unbekannten Dingen zu finden. Man unterscheidet hier eine Neugier, die auf spezielle Bereiche fokussiert ist und sich beispielsweise nur am Bereich Sport orientiert, jedoch tritt es bei Menschen auch auf, dass sie ein allgemeines Interesse an allen Themenfeldern der Welt entwickeln. Ist ein Individuum frei von dieser Charakterstärke, wirkt es eher so, als wären ihm alle weltlichen Themen gleichgültig oder nicht zuträglich.

Liebe zum Lernen: Weiterführend zur Neugier und zum Interesse geht es bei der Liebe zum Lernen nicht nur um ein gewisses Maß an Lebensinteresse, sondern auch darum, neue Ressourcen zu erkunden und sich neue Anlagen anzueignen, sowohl physische als auch psychische. Das Individuum zeigt also Bereitschaft, das, wofür es eine Neugier verspürt, auch zu lernen und zu gebrauchen. Verspüren Sie diese Bereitschaft nicht, geben Sie sich mit Ihrem aktuellen Wissensstand und Ihren aktuellen physischen Fähigkeiten absolut zufrieden und haben kein Verlangen nach neuen Fähigkeiten.

Offenheit und Aufgeschlossenheit: Auch die Aufgeschlossenheit kann mit Liebe zum Lernen und mit Neugier verbunden werden, denn ohne offenes Gemüt oder eine aufgeschlossene Einstellung ist ein gewisser Grad von Neugier nicht zu überschreiten. Im Falle der Offenheit dreht es sich um die eine Sache, dass neue Erfahrungen, neue Kontakte oder neue Probleme gesamtheitlich bewertet werden und jede Seite derer zu analysieren ist. Mit einer derartigen Aufgeschlossenheit gehen Sie Probleme nicht zurückgezogen an, sondern erkennen sie im Ganzen und lassen sich schließlich von diesem Problem neue Anstöße zu einer Variabilität in Ihrem Leben geben. So werden Probleme für Sie nicht zu Problemen, sondern zu einer neuen Möglichkeit, die Sie kritisch und von einer gewissen Überposition abwägen können. Ist ein Individuum nicht im Besitz einer aufgeschlossenen und offenen Lebenseinstellung, wird es diesem schwerfallen, Entscheidungen präzise zu treffen, da es häufig Meinungen wechselt. Des Weiteren sind Menschen dieser Art schwer von ihren weltanschaulichen Einstellungen abzubringen.

Weisheit: Keine häufige und eine schwierig zu erlernende Charakterstärke ist die Weisheit. Im Falle der Weisheit geht es darum, seine Umgebung und Umwelt so zu analysieren und zu erleben, dass es für das Individuum selbst eine Art Lebensinhalt darstellt. Es entwickelt praktisch ein gewisses Bewusstsein für sein Leben und auch für dessen Umwelt gibt das Leben eines Weisen einen Sinn. Besitzen Sie Weisheit, versuchen Sie, so gut es geht, Ihre Reife mit Ihrer Bildung zu verknüpfen. Im Laufe Ihres Lebens entwickelt sich vor allem ein größerer Grad an Reife und somit lässt sich eine Tendenz erkennen, die ältere Menschen weiser erscheinen lassen. Fehlt es Ihnen an Weisheit, bedeutet dies, dass Sie Dinge tun, die allgemein als egoistisch und gefühllos erachtet werden.

<u>Mut</u>

Authentizität: Mit der Authentizität ist vor allem die im Volksmund eher bekannte Aufrichtigkeit gemeint: Wie stehen Sie zu Ihren Entscheidungen? Ein bedeutender Bestandteil der Authentizität ist die Wahrheit. Hier ist nicht diejenige Wahrheit gemeint, die Umstände und Sachlagen beschreibt, sondern die, die Sie als Mensch beheimaten, die Wahrheit über Ihre Person. Sind Sie authentisch, geben Sie einen hohen Grad an Persönlichkeit preis und somit die Wahrheit über sich selbst. Preisgeben wird oft als negative Basis gesehen, da man sich somit scheinbar angreifbar macht, doch ist sie es hier keineswegs. Durch eine hohe Preisgabe seiner selbst wirkt man verantwortungsbewusst und vertrauenerweckend und Sie erwirken so den Eindruck, also würden Sie sich und Ihren Prinzipien treu bleiben. Weiter vermittelt ein hohes Maß an Authentizität einen sinnvollen Einklang Ihrer Gefühle und Ihres Handelns. Individuen, die wenig authentisch sind, haben oft Probleme damit, ihre Gefühle offen darzulegen, und nicht nur Gefühle, sondern auch ihren Willen. Somit entsteht hier häufig das Problem, dass diese Menschen praktisch mit dem Strom schwimmen und sich aufgrund von daraus folgenden inneren und äußeren Widersprüchen nicht so verhalten, wie sie eigentlich fühlen oder denken.

Tapferkeit: Dies ist wohl die Stärke im Felde der eigenen Eigenschaften, die mit Ehrenhaftigkeit am engsten verbunden ist. Was sie bedeutet, steckt praktisch im Wort selbst, nämlich tapfer zu sein. Tapferkeit ist eine Bezeichnung für die furchtlose und entschlossene Art, Problemen, die sich vor Ihnen auftürmen, entgegenzutreten und diese auszumerzen. Die besagten Probleme entstehen hierbei häufig aus der eigenen Einstellung heraus und konfrontieren Sie praktisch mit Ihren Gefühlen, die Sie in diese Lage gebracht haben. Die daraus folgenden Gefahren benötigen zur Abwendung und zum Überstehen dieser einen bestimmten Grad an Tapferkeit, welcher natürlich physischer Art sein kann, jedoch in zahlreichen Fällen auch psychischer. Tragen Sie keine Tapferkeit in sich, werden Sie eine ängstliche Lebensweise an den Tag legen, die Sie vor Problemen und Ängsten zurückschrecken lässt.

Lebenskraft und Vitalität: Dieser Charakterzug ist sinnbildlich für das Zielverhalten der positiven Psychologie. Sie beschreibt die wünschenswerte Lebensfreude, die jeder Mensch an den Tag legen sollte. Nach einer Intervention der positiven Psychologie strotzen Sie nur so vor Lebenskraft und Vitalität. Im Grunde bedeutet dies eine Begegnung aller Dinge, ob Problem oder Glücksfall, mit Begeisterung und Tatendrang, durch welche Sie sich durch jede Lebenslage freudig befördern können. Mit Vitalität freuen Sie sich auf jeden Tag und seine Herausforderungen, die stets aufs Neue andere sein können. Dies sehen Sie also nicht als Unsicherheit oder Last, sondern als Möglichkeit für neue Horizonte. Ebenfalls werden Sie mit einer ordentlichen Portion Lebenskraft nicht in die Lage kommen, an Aufgaben oder Arbeiten zu zweifeln, sondern Sie werden die Energie aufbringen können, sie wie geplant zu Ende zu führen. Andernfalls, also in einem Leben mit weniger Lebenskraft und Vitalität, werden Sie eher dazu tendieren, diese Herausforderungen zögerlich und unentschlossen anzugehen.

Ausdauer und Beharrlichkeit: Weiterführend zur Lebenskraft, in der es auch um die Absolvierung begonnener Aufgaben und Arbeiten geht, kann die Ausdauer angeführt werden. Menschen mit dieser Stärke lassen sich nicht so einfach von Problemen unterkriegen, mit denen sie während ihrer Tätigkeiten konfrontiert werden. Ausdauer und Beharrlichkeit bedeuten aber keineswegs eine Art von Sturheit und Einfallslosigkeit, in der sie immer versuchen würden, Herausforderungen mit derselben Herangehensweise zu lösen, sondern diese Stärken beherbergen auch ein gewisses Maß an Elastizität, die sie einfallsreicher im Lösen von Problemen macht und diese auch bezwingen lassen. Arbeitet oder lebt ein Individuum nicht ausdauernd oder beharrlich, so verliert es schnell an sinnvollen Ansätzen in seinem Dasein und sucht oftmals Auswege aus zu bewältigenden Angelegenheiten.

Humanität

Freundlichkeit und Großzügigkeit: Natürlich sind Ihnen diese humanitären Eigenschaften ein Begriff. Freundlich zu sein ist einer unserer ureigenen Ansprüche an uns selbst. Besitzen Sie die Stärke der Freundlichkeit, können Sie sich in die Lebenslagen anderer Menschen hineinfühlen und nehmen Anteil an deren Gemütszuständen. Weiterhin besitzen Sie dann ein hohes Maß an Großzügigkeit, welche sich natürlich materiell äußern kann, jedoch vor allem auch in sozialer und gedanklicher Hinsicht. Egal, was Sie geben, dieser Begriff des Gebens steht sinnbildlich für alles, was Sie einem anderen Menschen als Zuneigung schenken. Im Falle eines Fehlens der Freundlichkeit in einem Individuum spricht man von einer egoistischen und selbstsüchtigen Lebensweise.

Bindungsfähigkeit: Entwickeln Sie ein freundliches und großzügiges Gegenübertreten in Bezug auf andere Menschen, wird es Ihnen leichtfallen, Bindungen einzugehen. Menschliche Verbundenheit ist eine wichtige Stärke, die Sie in der Interaktion weit voranbringen kann. Vor allem ist Ihre Bindungsfähigkeit von großer Bedeutung, wenn diese von einem anderen Individuum mit ähnlicher Stärke erwidert wird. Genau dadurch entstehen in unserer Welt Konstrukte einer liebevollen Beziehung, wie Freundschaften oder Partnerschaften, die geprägt sind von beidseitiger Rücksichtnahme und beidseitigem Interesse. Fällt es Ihnen schwer, Bindungen dieser Art einzugehen, hat das oftmals zur Folge, dass dadurch ein abgeschnittenes Leben entwickelt wird, mit jeglicher Isolation zu Ihrer eigentlichen Umwelt.

Soziale Intelligenz und Empathie: Weiterführend zur Bildung von positiven Beziehungen steht die soziale Intelligenz. Natürlich kommt es im Alltag vor, dass Sie nicht mit jedem Menschen Ihrer persönlichen

Umwelt eine Bindung eingehen wollen, die von Achtsamkeit, beidseitigem Interesse oder Liebe geprägt ist. Ein Gefühl für diese Intelligenz oder Empathie ermöglicht es Ihnen jedoch, trotzdem einen respektvollen Umgang mit Ihrem Gegenüber an den Tag zu legen. Sie kennen in solchen Fällen Ihre eigenen Vorlieben und Antriebe, erkennen aber auch in konträren Fällen die Ihrer Mitmenschen. Mit sozialer Intelligenz sind Sie schließlich imstande, diese zu analysieren und verhältnismäßig auf derartige Situationen zu reagieren. Befassen Sie sich weniger mit der Stärke der Empathie, so wird es Ihnen in Situationen mit kritischen menschlichen Begegnungen schwerfallen, dennoch ein gewinnbringendes Gespräch oder andere Arten von Interaktion zu führen.

Gerechtigkeit

Fairness: Eine der wichtigsten Stärken der Tugend der Gerechtigkeit ist die Fairness, da sie im Volksmund oftmals auch mit dieser gleichgesetzt wird. Zwar ist dies nicht ganz richtig, da die Gerechtigkeit, wie Sie im Folgenden sehen werden, noch viele andere Eigenschaften besitzt, jedoch sind die Bestandteile der Fairness definitiv grundlegend für die Gerechtigkeit. Fairness beinhaltet den Gedanken, Menschen als völlig gleich zu behandeln und jedem einzelnen die gleichen Chancen für jeweilige Ziele zu ermöglichen. Sind Sie in der Position eines Entscheidungsträgers und wollen sich bei diversen Beschlussfassungen fair verhalten, geben Sie jedem Bewerber oder jeder Möglichkeit eine Chance, und zwar unabhängig von Ihrer persönlichen Stimmung oder Lebenslage, Sie blenden all Ihre Gedankengänge völlig aus und bewerten die Situation neutral. Ein Vorteil, der aus der Fairness heraus entsteht, ist somit auch die persönliche Eigenschaft, eigene Fehlentscheidungen anzuerkennen und vor allem zuzugeben. Fehlt Ihnen ein Gespür für Fairness, wird es Ihnen schwerfallen, sich neutral zu verhalten.

Führungsvermögen: Zwar beinhaltet das Führungsvermögen den

Term Führung, jedoch ist damit keineswegs gemeint, dass sich ein Mensch über andere stellt, sondern vielmehr ein Teil dieser, für einen bestimmten Zweck zusammengekommenen, Gruppe zu sein. Als Teil dieser Gruppe gibt er dann Ziele vor und entscheidet Wege hin zu diesen Zielen. Weiter haben Sie mit Führungsvermögen die Möglichkeit, die Harmonie in der Gruppe zu fördern und zu stärken. Dies macht Sie zu einem wichtigen Bestandteil im Großen und Ganzen und Sie werden als Führungsperson akzeptiert, doch nie über, sondern mit Menschen arbeitend. Können Sie mit Ihrer Gruppe eine positive soziale Bindung aufbauen, wird es Ihnen leicht fallen, Konstellationen jeglicher Art zusammenzubringen und zu leiten, egal, mit welchen diversen Hintergründen die Teilnehmer behaftet sind, denn mit Ihrer Hilfe wird sich ein jedes Glied nützlich und unentbehrlich fühlen. Haben Sie nur ein geringes Führungsvermögen, können Sie sich schwer Ihren Stand in einer Gruppe erarbeiten und absolvieren Tätigkeiten meist allein. Entscheidungsgewalt übernehmen Sie schließlich so gut wie nie und beim Erreichen des Ziels werden Sie immer weiter zum Störfaktor.

Teamfähigkeit und Loyalität: Genau die eben angesprochene Fähigkeit, sich in eine Gruppe einzufügen und mit Ihren Stärken den anderen zur Seite zu stehen, wird in der Teamfähigkeit und der Loyalität weitergeführt. Besitzen Sie die Eigenschaft des Führungsvermögens, versuchen Sie, mit der Gruppe Lösungen und Entscheidungen zu finden, geben aber hierzu die Ideen und Kurse. Sind Sie allerdings teamfähig, zeichnen Sie sich dadurch aus, dass Sie Ihre Führungspersönlichkeit und auch Ihre Gruppenglieder akzeptieren und wertschätzen. Sie bringen Ihren Teil ein, sind aber weiter abhängig von anderen Teilen, die von anderen Gliedern eingebracht werden, und sind sich vor allem dessen bewusst. Ebenfalls gilt Ihnen hier die Loyalität als sehr wichtig, sodass Sie praktisch befähigt sind, Ihren eigenen Willen in bestimmten Situationen unter den der Gruppe zu stellen. Besitzen Sie kein Gefühl für Teamfähigkeit und

Loyalität, werden Sie nie ein richtiger Teil Ihrer Gruppe werden können.

Mäßigung

Vergebungsbereitschaft: Im Bereich der Mäßigung hat die Bereitschaft, seinen Mitmenschen zu vergeben, eine große Bedeutung. Der Begriff der Vergebung begegnet uns in unserer westlichen und christlich geprägten Kultur sehr oft im Laufe eines Lebens. Im Bereich der positiven Psychologie hat sie im Grunde keine andere Bedeutung als in der Theologie. Vergebungsbereitschaft bedeutet, den eigenen Willen aufzubringen, Menschen, die Ihnen Leid oder Ähnliches zugefügt haben, zu verzeihen und weiter eine Möglichkeit der Wiedergutmachung zu gewähren. Ist man nicht zum Vergeben bereit, kann dies zu persönlichen Einschränkungen führen, und die einzige Option, die Ihnen nach leidvollen Erfahrungen vermeintlich helfen würde, wäre dann Ihre Vergeltung.

Bescheidenheit: Um ein gemäßigtes Leben führen zu können, sollten Sie auch auf Ihre Bescheidenheit achten, die Sie nicht in den öffentlichen Mittelpunkt Ihrer großen Taten stellt. Lassen Sie hierfür nicht nur Ihre Worte für Sie sprechen, sondern zeigen Sie auch Tatkraft. Beachten Sie die Charakterstärke der Bescheidenheit nicht, wird man Ihnen schnell Überheblichkeit oder Selbstverliebtheit nachsagen.

Umsicht: Für ein gewisses Maß an Bescheidenheit ist auch ein Gespür für die entsprechende Umsicht nötig. Agieren Sie umsichtig, ziehen Sie jegliche Eventualitäten in Betracht und bemühen sich um jedes noch so kleine Kriterium. Sie achten weiterhin auf Ihr Umfeld und Ihre Mitmenschen und versuchen, so gut wie es geht, jeden Wunsch und jedes Bedürfnis anderer zu berücksichtigen. Akribisch erarbeiten Sie Ihre Pläne für Projekte oder allgemein für Ihre Zukunft und entgehen so problematischen Situationen und Gefahren. Individuen, die mit Umsicht eher weniger vertraut sind, haben oft Schwierigkeiten mit planvollem

Vorgehen, entscheiden oft, ohne sich vorher konstruktive Gedanken gemacht zu haben, und schaden folglich nicht nur sich selbst, sondern auch phasenweise ihrer Umwelt.

Selbstregulation: Mit einem klaren Kopf zu handeln ist essenziell für eine selbstregulierende Lebensweise. Lassen Sie Ihre Ideen in sich sprudeln und sprechen Sie sie auch aus, beachten Sie dabei jedoch, dass das alleinige Ideenhaben kein glückerfülltes Leben zur Folge hat, sondern wählen und evaluieren Sie Ihre Ideen. Sind Sie in Selbstregulation geübt, so werden Sie zum richtigen Moment die richtige Tat vollbringen oder eine Ihrer Ideen in die Tat umsetzen. Fällt es Ihnen hingegen schwer, sich selbst zu regulieren, müssen Sie aufpassen, dass Ihr Vorgehen in den verschiedensten Lebenslagen nicht zu unkontrolliert scheint und es auch nicht wird.

Transzendenz

Sinn für das Schöne und Gute: Die letzte Tugend, die Transzendenz, beginnt mit dem Sinn für Schönes und Gutes. Was sehr geschwollen klingt, ist eigentlich recht einfach zu beachten. Im Prinzip besitzt jeder Mensch einen Sinn dafür, was er als schön erachtet und was nicht, es zeigt sich also sehr individuell. Die Kunst hierbei ist es, seine individuelle Schwelle für das Schöne und Gute zu senken und den Blick weiter reichen zu lassen als nur bis zu seinen eigenen Interessen. Den wirklichen Sinn für das Schöne und Gute besitzen Sie also, wenn Sie in den verschiedensten Situationen, auch wenn diese für Sie eigentlich uninteressant scheinen, ein Stückchen Bewunderung verspüren, ob es eine große, physische Leistung ist oder eine kleine, einfache Alltagssituation. Menschen, die diesen Sinn weniger verspüren, verspüren auch in ihrem Leben weniger glückliche Momente und entwickeln keinerlei Ehrfurcht vor Situationen oder Taten.

Dankbarkeit: Diese Charakterstärke verschwindet in unserem Kulturkreis leider immer weiter, denn sie bedeutet, sich der Möglichkeiten und des Wohlbefindens bewusst zu sein, bewusst zu sein auch dessen, dass sie nicht selbstverständlich sind. Dankbarkeit ist eine wichtige Eigenschaft im Umgang mit Ihren Mitmenschen, aber auch mit sich selbst, denn schenkt man Dankbarkeit, wird einem der Wert am Erhaltenen noch einmal mehr bewusst. Ist es Ihnen nicht möglich, dankbar zu sein, wird Ihnen der Sinn für die eigentliche Existenz der Kultur oder Ihren wichtigsten Gütern schnell verloren gehen.

Hoffnung, Zuversicht und Optimismus: Neben der Dankbarkeit als Stärke steht natürlich auch die Hoffnung auf Wohlbefinden und ein glückliches Leben. Da die Hoffnung gemeinsam mit der Zuversicht und dem Optimismus steht, bedeutet sie nicht nur leeres Warten auf bessere Zeiten, sondern ein aktives Hinarbeiten und der permanente Einsatz seiner Fähigkeiten, um diese Zeiten des Glücks zu erreichen und zu bewahren. Negativerfahrungen können Sie mit einer guten Portion Optimismus ebenfalls schneller und besser verarbeiten und rechnen diesen ihren Nutzen für Ihr großes Gelingen zu. Sind Sie ein negativer Mensch, wird Ihnen das aktive Hoffen auf eine glückliche Zeit sehr schwerfallen.

Humor und Verspieltheit: Üben Sie sich in Humor und haben dabei noch Erfolg damit, so werden Sie meist nur die schönen Seiten des Lebens kosten, denn jede Erfahrung, jede Person und jeder Umstand hat eine negative, aber auch eine positive Seite. Mit Ihrem Humor tendieren Sie immer zur positiven Seite und können vor allem auch Ihre Mitmenschen davon begeistern und aufmuntern. Fehlt Ihnen diese Verspieltheit in Ihrem Leben, so sehen Sie öfter das Negative und strahlen dies auch nach außen aus.

Spiritualität: Die letzte Charakterstärke beschreibt eine Art

Bindung, nicht jedoch zu menschlichen oder anderen natürlichen Wesen, sondern zu ideellen Vorstellungen des Lebens. Die bekannteste Spiritualität erleben wir mit Religion, jedoch kann sie noch eine Vielzahl an weiteren verschiedenen Richtungen einschlagen. Leben Sie spirituell, so sind Sie im Einklang mit Dingen, die Sie weder fassen noch erklären können, allein der Glaube an eine universelle oder hierzulande auch göttliche Instanz, lässt Sie Probleme überstehen und Ideen schaffen. Es mehrt sich die Anzahl an Menschen, die diese Charakterstärke missachten, jedoch wird deren Leben folgend sehr rational und es bleibt kein Platz für Fantasiewelten und die Frage nach dem Sinn des Lebens.

Abschließend bleibt über die 24 Persönlichkeitsstärken festzuhalten, dass diese die entscheidenden und zentralen Eigenschaften für ein gelingendes und glückliches Leben sind, jedoch entsteht durch sie keine abgeschlossene Auflistung, denn wie oben schon erwähnt, sind in dieser Auflistung der VIA-Klassifizierung nur kulturübergreifende Stärken gelistet. Individuell und kulturell spezialisiert sind allerdings noch eine Vielzahl an weiteren Charakterstärken möglich. Auch sind die Übergänge meist fließend, was zur Folge hat, dass die Stärken möglicherweise mehrere Formen annehmen können und somit nicht genau identifizierbar sind. Durch die individuelle Nutzung der Persönlichkeitsstärken ist es sehr schwer, diese genau und verallgemeinert zu charakterisieren, die Auflistung ist allerdings notwendig, um mit den Gefühlen Glück und Wohlbefinden in der positiven Psychologie zu arbeiten und zu forschen, erst recht, wenn es um Begriffe wie beispielsweise Messbarmachung oder Benennung der Stärken geht. Im weiteren Verlauf des Textes werden Sie Möglichkeiten kennenlernen, diese im kognitiven wie auch verhaltensorientierten Bereich einzusetzen und Ihre persönlichen Stärken zu erkennen und weiter zu stärken.

ÜBUNGEN FÜR IHRE STÄRKEN

Hierzu werden Ihnen verschiedene praktische Übungen vorgeschlagen, mit denen Sie einer glücklichen Lebensweise näherkommen können. Falls Sie noch wenig vertraut sind mit Praktiken der positiven Psychologie, empfiehlt es sich für den Start, in die Übungswelt mit lange vorhandenen und gut ausgeprägten Stärken, die Sie im Laufe Ihres Lebens entwickelt haben, zu beginnen, um Ihnen die Anwendung im Verhalten zu erleichtern.

Übung 1

In Ihrer ersten Einheit geht es um eine beliebige Stärke, mit der Sie – wie oben erwähnt – auch schon Erfahrungen gemacht haben. Erzählen Sie von dieser Stärke und umschreiben Sie sie, als würde man sie einem Kind erklären wollen, machen Sie die Stärke Ihrem Zuhörer so klar wie möglich. Falls Sie selbst schon öfter in Erfahrung mit dem Einsatz dieser Stärke gekommen sind, berichten Sie von Ihren Erlebnissen, in denen Sie vielleicht zu viel und das andere Mal zu wenig davon eingesetzt haben. Haben Sie keine speziellen Beispiele solchen Erlebens im Kopf, können Sie ruhig Ihre Fantasie spielen lassen und sich Situationen vorstellen, in denen die besagte Stärke zu wenig oder zu stark eingesetzt wurde.

Anschließend formulieren Sie Anwendungssituationen aus Ihrem Alltag, in denen Sie die Stärke angemessen einsetzen konnten und damit Erfolg hatten, wahlweise können Sie sich wieder eine realistische oder eine fiktive Situation ausdenken. Es geht hier nur darum, taugliche Alltagssituationen für die Anwendung der Stärken zu finden und Ihr Gelingen zu dokumentieren. Kennen Sie beispielsweise Menschen, die diese Stärke nahezu perfekt in ihrem Alltag einsetzen oder eingesetzt haben? Sind sie in dieser vielleicht ein gutes Musterbeispiel? Falls ja, werden Sie sicher positive Resonanz erwidert bekommen haben. Schildern Sie also im Folgenden, welche gesellschaftlichen und soziale Folgen das erfolgreiche Einsetzen der Stärke mit sich bringt. Dies können Sie auch über einen längeren Zeitraum beobachten, um ein aussagekräftigeres Bild zu erlangen. Am Ende der Übung können Sie sich die Frage stellen, in welchen Lebenslagen Sie diese Stärke nach der Analyse noch vermehrt einsetzen können und in welchen vielleicht weniger. Tun sich für Sie hier vielleicht neue Einsatzbereiche auf? Es lohnt sich, es zu probieren.

Diese Übung können Sie auf jedwede Art von Charakterstärken anwenden. Versuchen Sie sich – wie erwähnt – zuerst an Ihren persönlich erlebten und gut beherrschten Stärken.

Übung 2

Die nächste Übung dreht sich um das Ersetzen von kniffligen Situationen durch Situationen, in denen Sie Ihre Charakterstärke einsetzen. Hierzu müssen Sie zunächst eines Ihrer Probleme in Ihrem Alltag, ob zu Hause, auf der Arbeit oder in anderen sozialen Umfeldern, analysieren und detailliert beschreiben. Haben Sie dies umfangreich vollzogen, war das der erste Schritt zu einer positiven Absolvierung der Übung, denn durch das Erkennen und das Beschreiben des Problems wird es Ihnen automatisch offensichtlicher, erklärbarer und somit umgänglicher. Wie in Übung 1 ist es für den Beginn sicher leichter, wenn Sie zum Austausch des Problems eine Ihrer favorisierten und oft angewandten Stärken nehmen. Mit einiger Übung können Sie sich natürlich auch in anderen, weniger vertrauten Stärken versuchen.

Diesmal ist es allerdings notwendig, dass Sie die Charakterstärke auch schon eingesetzt haben, eine Fantasie genügt hier nicht. Stellen Sie sich also nun eine vergangene Situation vor, in der Sie die Stärke benutzt haben; diese Vorstellung muss nicht zwingend aus einem Problem hervorgegangen sein. Haben Sie eine Situation vor Augen, lassen Sie sie so realistisch wie möglich in Ihrem Kopf rekapitulieren, sodass Sie jedes einzelne Detail der Anwendung wieder spüren können, als wäre sie im

Hier und Jetzt. Im Anschluss sprechen Sie – wenn Sie allein sind, können Sie wahlweise auch schreiben – alle Ihnen einfallenden wichtigen Merkmale der Stärke aus und halten Sie somit fest. Zeitgleich versuchen Sie, Ihre persönlichen charakteristischen Merkmale der Stärke mit einem Problem aus Ihrem Alltag zu verknüpfen und herauszufinden, wie diese Charakterstärke Ihnen in den speziellen Herausforderungen Ihres Lebens weiterhelfen kann. Ein zeitlicher Rahmen ist hier im Grunde nicht gesetzt, da auch Wortgewandtheit individuell abhängig ist, versuchen Sie jedoch, mindestens zehn Minuten mit der Niederschrift oder der Aussprache der Ideen beschäftigt zu sein, ohne sich dabei im Stillen größere Gedanken zu machen. Nach der benötigten Zeit legen Sie Ihren Zettel weg oder lassen Ihren Zuhörer fertig notieren und beschäftigen sich dann zunächst nicht mehr mit diesem Thema. Nach einiger Zeit können Sie sich die Mitschriften dann aber durchlesen und analysieren, wie sich Ihr Handeln in Bezug auf die Bewältigung der Herausforderung in der Zeit geändert hat.

Übung 3

Die dritte hier aufgeführte Übung hat einen etwas größeren zeitlichen Umfang als die beiden zuvor, ist dafür aber ebenfalls sehr wirksam, wenn nicht sogar wirksamer. Sie ist vor allem charakteristisch für das Formen neuer Stärken und deren richtigen zeitlichen und situativen Einsatz. Zuallererst ist es für diese Übung wichtig, sich in Ihr vertrautes und geliebtes soziales Umfeld zu begeben. Frischen Sie Ihre Beziehungen zu guten Freunden oder Bekannten auf und unternehmen Sie mit diesen beliebte Aktivitäten. Je nach individueller Einstellung können sich diese Aktivitäten natürlich ändern.

Egal, ob eine Wanderung in den Bergen, eine Sightseeing-Tour durch eine Großstadt oder ein gemeinsamer Spieleabend, wichtig ist hierfür nur, dass Sie in Kontakt mit Ihren Lieben kommen. Versuchen Sie, sich während dieser Aktivität so gut es geht auszutauschen, und bekommen Sie ein Gespür dafür, welchen Nutzen Sie persönlich aus dieser Beziehung ziehen und wie diese Ihr Leben voranbringt und bereichert. Der nächste Schritt der Übung beinhaltet, eine aktive Bewegung an den Tag zu legen. Sind Sie kein sportlicher Typ, ist das keineswegs ein Nachteil, denn mit aktiver Bewegung ist nicht unbedingt anstrengender Sport gemeint, es genügt hier, sich einfach an der frischen Luft zu bewegen. Steigen Sie hierfür aufs Rad, gehen Sie im Wald spazieren oder gehen Sie springend durch die Natur. Wichtig ist nur eine aktive Bewegung, die Sie in Schwung kommen lässt, ob allein oder zu zweit, spielt hier keine Rolle. Nehmen Sie hierbei bewusst wahr, was sich in Ihrer näheren Umgebung abspielt.

Öffnen Sie Ihre Sinne, vor allem Augen, Ohren und Nase, um zu sehen, wo Sie sich befinden, zu hören, welche Tiere um Sie sind und zu riechen, welchen Duft die Natur in Ihrer Anwesenheit freigibt. Konzentrieren Sie sich vollkommen auf das Hier und Jetzt und unterlassen Sie ablenkende Tätigkeiten, wie Blicke aufs Handy oder gar Telefonate. Sie sind hier allein und einzigartig. Vollbringen Sie Ihre Aktivitäten nicht zwingend in gewohnter Umgebung. Fahren Sie für einen Spaziergang vielleicht einmal ein Stückchen weiter als sonst und erkunden Sie neue Gegenden, versuchen Sie also, dazuzulernen. Dadurch können sich für Sie neue Sichten auf das Geschehen der Welt bieten und Ihre persönlichen Sichtweisen haben eine Chance, sich neu zu orientieren. Nicht nur beim Spazierengehen ist eine derartige Erkundung möglich, Sie könnten sich auch mit einem Bekannten treffen, der Ihnen von neuen Dingen und Erfahrungen erzählt und Ihnen diese erklärt. Versuchen Sie dann, aufmerksam zuzuhören und sich für diese neue Information zu interessieren und zu lernen. Zuletzt üben Sie sich schließlich in Ihrer großzügigen Art, indem Sie andere Personen an Ihrer Dankbarkeit teilhaben lassen. Dies muss nicht immer Geld oder ein anderes materielles Geschenk sein, meist sind diese sowieso nicht so wirksam, wie es andere großzügige Gesten sind. Ihre Großzügigkeit zu geben bedeutet hier auch, dass Sie jemandem Ihre Zeit und Aufmerksamkeit schenken können und aktive, soziale Erlebnisse miteinander teilen. Seien Sie hierbei der Initiator und begeben Sie sich in die Position des „Helfenden". Es geht beispielsweise bei einem Gespräch nicht darum, Ihre Sorgen loszuwerden, sondern vielmehr darum, ein offenes Ohr mitzubringen und mit Ihrer vorhandenen Expertise zur Seite zu stehen.

All diese oben genannten Übungen können natürlich auf alle Charakterstärken angewandt und erweitert werden. Auch war dies nur eine Auswahl an praktischer Übung für Sie, es existiert eine Vielzahl an geeigneten Übungen, um Ihre Stärken zu fördern und Herausforderungen damit zu bestehen und zu überwinden.

Positive Einstellung

ANFÄNGE DER SELBSTWIRKSAMKEITSERWARTUNG

Die Selbstwirksamkeit spielt nicht nur in der positiven Psychologie, sondern auch in der allgemeinen Psychologie eine bedeutende Rolle. Zum ersten Mal beschrieb der kanadische Psychologe Albert Bandura in den 70-er Jahren des 20. Jahrhunderts die Merkmale der Selbstwirksamkeit, die bis heute Aktualität haben, besonders in der positiven Psychologie. Kurz erläutert, bedeutet sie die Annahme eines Individuums, das gesetzte Ziel zu erreichen, und das nur durch die eigenen Fähigkeiten und Möglichkeiten. Somit ist es für die Lösung von Herausforderungen von zentraler Bedeutung, dass diese mit eigenen Kräften und internalen Einflüssen auf die unmittelbare Umwelt geschehen. Das Wichtigste ist also, selbst Dinge in Bewegung zu bringen und schwierige Situationen aus eigener Kraft zu meistern; nur so gelangt ein Mensch zu einer hohen Selbstwirksamkeitserwartung.

Ähnlich zu einigen Persönlichkeitsstärken und damit zusammenhängend ist die Selbstwirksamkeitserwartung bei Menschen ausgeprägter, die ein hohes Vertrauen in ihre eigenen Fähigkeiten und Möglichkeiten haben, um Herausforderungen anzugehen und im Sinne der Beharrlichkeit auch länger an diesen zu arbeiten und schließlich zu beglückenden Ergebnissen zu kommen. Durch diese Eigenschaft geraten Menschen mit einer erhöhten Selbstwirksamkeitserwartung seltener in psychische Störungen oder Krankheiten, wie etwa depressive Verhaltensäußerungen. Demnach ist eine gezielte Ausbildung der Selbstwirksamkeitserwartung ein zentrales Ziel in der positiven Psychologie, sowohl in der Theorie als auch in der Praxis, wie beispielsweise in der Psychotherapie. Vor allem in der Praxis wird viel mit den oben genannten Charakterstärken im Hinblick auf die Selbstwirksamkeit gearbeitet. Das

Aufbauen der Stärken und das Vermitteln zum richtigen Einsatz dieser führt meist zu positiv geprägten Gefühlen, die daraus entstehen. Folglich führt dies zu einer vertrauten Basis für seine eigenen Stärken und eine wiederum häufigere Anwendung dieser. Weitere Herausforderungen bestätigen die jeweilige Person in der Anwendung und lassen diese auch Rückschläge und Enttäuschungen besser ausblenden und verarbeiten. Die Folge: Selbstwirksamkeitserwartung wird erhöht.

Entstehungstheorien der Selbstwirksamkeitserwartung

Der oben genannte Psychologe Albert Bandura erforschte verschiedenste Möglichkeiten, wie die individuelle Selbstwirksamkeitserwartung entsteht und sich im Laufe eines Lebens erhöht.

Persönliche Erfolgserlebnisse: Der Titel für diese Möglichkeit der Entwicklung der Selbstwirksamkeitserwartung beschreibt sich selbst schon sehr präzise. Durch selbst erlebte und eigens herbeigeführte Situationen und bewältigte Herausforderungen prägt sich eine Charakterstärke oder das jeweilige Verhalten in dieser Situation in Ihr Gedächtnis ein. Die Überzeugung und das Vertrauen in Ihre eigenen Kräfte und Fähigkeiten steigen an und bei jeder weiteren positiven Erfahrung damit wird Ihr Selbstvertrauen im entsprechenden Umgang immer größer. Ist Ihr Vertrauen dann extrem gestärkt, wird es für negative Erfahrungen im Einsatz dieser Charakterstärke schwierig, Ihre Selbstwirksamkeitserwartung zu senken, ist der Glaube in die eigenen Fähigkeiten jedoch nicht sehr ausgeprägt, so kann ein Scheitern bei Herausforderungen oder Problemen zu selbsterniedrigenden Gedanken kommen und dieses Verhalten in Zukunft unterdrückt werden. Zu besonderen Problemen kann es schließlich bei Attribution kommen, wenn Sie beispielsweise Situationen mit negativen Erlebnissen verknüpfen. Hierzu später mehr.

Um dies zu verhindern, ist es unabdingbar, dass Sie sich Verhaltensweisen, die sich aufgrund Ihrer Stärken äußern und Probleme erfolgreich verdrängen, besonders gut einprägen und diese vor allem sich selbst zuschreiben. Ein gelöstes Problem ist also vor allem Ihr Erfolg und durch Ihr Zutun haben Sie es positiv überstanden. Sie können deshalb stolz auf sich sein. Erfahren Sie das Gegenteil, führt ein Einsatz einer Ihrer Charakterstärken also nicht zu einem Erfolg, schrecken Sie nicht davor zurück, sondern erklären Sie es sich rational. Nur indem Sie einen außenstehenden Bezug zu diesem Scheitern herstellen, bleibt Ihre Selbstwirksamkeitserwartung erhalten, denn Sie wissen, Sie haben es schon einmal geschafft, dieses Problem zu lösen, und aufgrund äußerlicher Umwelteinflüsse hat es diesmal nicht funktioniert. Mit dieser Einstellung werden Sie Ihr Vertrauen auf jeden Fall beibehalten.

Stellvertretende Erfahrung: Da Albert Bandura ebenfalls als herausragender Vertreter des Lernens am Modell praktizierte, lässt er auch diese Theorien in die Entstehung der Selbstwirksamkeitserwartung einfließen. In Bezug auf diese geht es vor allem um das Beobachten anderer Individuen bei deren Versuchen, Herausforderungen mit Stärken entgegenzutreten. Vor allem Menschen, die Ihnen nahestehen oder die generell einen großen Einfluss auf Sie haben, werden Sie in dieser Theorie prägen. Denn diese sind es, von denen Sie sich Verhaltensweisen abschauen und diese wiederum nachahmen. Haben Ihre Vorbilder hierbei Erfolg, wird Sie das umso mehr motivieren, die gezeigten Verhaltensweisen und die jeweiligen Stärken der Person zu imitieren, haben Ihre Vorbilder auf der anderen Seite Misserfolge durch ihre Verhaltensweisen, wird Sie die Anwendung dieser eher abschrecken. So lernen Sie von anderen, Stärken zum richtigen Zeitpunkt und in richtiger Weise einzusetzen.

Verbale Ermutigung: Auch in dieser Theorie des Ausgangs von Selbstwirksamkeitserwartung ist der Bezug zu Vorbildern und stark verbundenen Menschen sehr hoch. In diesem Fall geht der Impuls für die

Anwendung einer Stärke in entsprechenden Situationen allerdings wieder von Ihnen aus. Hier kommt es mehr auf die anschließende Resonanz an und vor allem, von wem diese gegeben wird. Je qualitativ hochwertiger Ihre Beziehung zu Ihrem Gegenüber ist, desto wertvoller scheint Ihnen das gegebene Feedback. Stehen Sie also beispielsweise vor einer Herausforderung und überwinden oder lösen diese auf Basis Ihrer persönlichen Charakterstärken und können das einem Ihrer Freunde oder Familienmitglieder präsentieren, hebt das Ihre Selbstwirksamkeitserwartung um ein Vielfaches mehr an, als geschähe dies durch Ihnen fremde und unbedeutende Person. An die Stelle der Freunde oder Familienmitglieder können, je nach Situation, auch andere Personen in Ihrem Leben treten, wie beispielsweise Ihr Vorgesetzter oder bei Kindern eine geschätzte Lehrkraft.

Körperliche Signale und emotionale Erregung: Auch Ihre Physis hat Einfluss auf Ihre Selbstwirksamkeit. So kann es sein, dass diese durch positive Erlebnisse Ihre körperlichen Prozesse in Wallung bringt und Glücksgefühle zur Folge hat. Entgegengesetzt können Anwendungen von Stärken und damit einhergehende negative Erfahrungen auch Stressreaktionen im Körper erzeugen und somit als negativ in Erinnerung bleiben. Wichtig ist hierbei der internale Bezug der Reaktion, egal, ob positiv oder negativ.

Imaginäre Erfahrung: Die Möglichkeit der Entstehung von Selbstwirksamkeitserwartung baut auf eine der oben genannten Übungen auf. Der Begriff „Imaginäre Erfahrung" beschreibt den Ansatz sehr gut, denn hier geht es nicht um real erlebte Erfahrungen seiner Stärken, sondern um die Vorstellung der Anwendung dieser. Mittels des Durchlebens einer Herausforderung und der Annahme dieser mit seinen individuellen Charakterstärken erleben Sie einen wahrscheinlichen Ausgang der Intervention. Können Sie sich gut vorstellen, mit einer jeweiligen persönlichen Stärke eine problematische Situation zu überstehen, werden Sie in dieser gestärkt. Sie werden sie vermutlich auch in der Realität vermehrt anwenden und im besten Falle auch positive Erfahrungen damit machen.

KEEPSMILING

Keepsmiling, übersetzt bedeutet das so viel wie weiter lächeln oder positiv in die Zukunft schauen. Dieses Feld des Weiterlächelns ist ein wichtiger Bestandteil der positiven Psychologie und wird oft mit dem Begriff des Optimismus erklärt. Allgemein wird dieser Optimismus wiederum in zwei Unterarten gegliedert. Der dispositionale Optimismus bezieht sich daher auf das eigene Individuum, samt seinen Genen und Anlagen, die vererbt sind. Die andere Unterart beschreibt den erlernten Optimismus, der sich erst im Laufe eines Lebens entwickelt und in verschiedenen Dingen und Erfahrungen das Optimistische sieht. Auch dieser ist also, je nach Entwicklung des persönlichen Lebens, bei jedem Menschen differenziell.

Der dispositionale Optimismus stellt eine Art generelle Lebenserwartungshaltung dar. Menschen, die dispositional optimistisch denken, also nicht auf einzelne Positionen bezogen, gehen grundsätzlich optimistisch durchs Leben. Sie vertreten die Einstellung, „Egal, wie es kommt, es wird sowieso das Beste sein." In dieser Ansicht können sie auch nicht enttäuscht werden, da diese Lebenseinstellung weiterhin eine sehr konsequente und beharrliche ist. Ob die Gründe für das gelingende Denken und Leben aus eigener Kraft gezogen werden oder ob sich Probleme auch einfach von selbst lösen können, ist hierbei nicht endgültig erforscht. So ist davon auszugehen, dass dispositionale Optimisten sowohl auf ihre Umwelt als auch auf ihre eigenen Fähigkeiten vertrauen. Ein positiver Nebeneffekt des dispositionalen Optimismus ist eine nachgewiesen höhere Widerstandsfähigkeit des Immunsystems und ein dadurch resultierender gesünderer Lebensverlauf sowie eine vitalere Lebensweise. Es lohnt sich also grundsätzlich, optimistisch zu sein.

Im Bereich der Praxis ist dem dispositionalen Optimismus allerdings seltener zu begegnen. Durch die anlagebedingten Kriterien dieser Art von Optimismus ist es schwierig, einen Menschen daraufhin zu trainieren, es ist in gewissem Maße eine angeborene Einstellung. Schließlich ist es medizinisch auch enorm heikel, Erbfaktoren zu verändern und damit zu arbeiten. Für die psychotherapeutische Praxis ist der erlernte Optimismus eine definitiv bessere Option, wenn es um Intervention und Veränderung geht.

Der erlernte Optimismus findet hingegen im Bereich der Praxis eine häufigere Anwendung, da dieser weniger genetisch bedingt und für Sie besser anzueignen ist als der dispositionale Optimismus. Erlernen Sie diesen Optimismus, so gelingt der Umgang mit negativen Erfahrungen und Problemen in einer Art der Nachaußenstellung. So führen Sie Gründe für diese Probleme auf Umweltfaktoren zurück, die Sie selbst nicht zu verantworten haben und somit nur darauf reagieren können. Es gibt also für jede negative Situation eine individuelle Erklärung, die neutral zu bewerten und nicht auf Sie als Person zurückzuführen ist. Somit grenzen Sie sich als Person deutlich von der Entstehung dieser problematischen Situation ab. Gegenteilig zu diesem Vorgehen wäre eine Art Pessimismus, bei dem Sie das negative Ereignis stets auf sich beziehen und die Gründe dafür in Ihrem Handeln sehen.

Sind Sie also schließlich mit dem erlernten Optimismus vertraut und können auf diese Weise Ihre anstehenden Herausforderungen oder problematischen Lagen erklären und angehen, wird es Ihnen mit Sicherheit leichter fallen, diese zu bestehen und auch in einem Falle des Misserfolgs nicht den Kopf in den Sand zu stecken, sondern es noch einmal zu versuchen und positiv und erlernt optimistisch auf die zukünftigen Ereignisse zu blicken.

Zwei Arten des Optimismus wurden vorangehend erläutert.

Natürlich gibt es zahlreiche Variationen und Abänderungen des Optimismus im Allgemeinen und ein jeder Psychologe beschreibt diesen wiederum anders. Wie Sie aus den vorangehenden Worten entnehmen können, wird Ihnen eine große Portion Optimismus empfohlen und für die Lösung Ihrer Herausforderungen ans Herz gelegt. Wahrscheinlich ist Ihnen schon bewusst geworden, dass man so große Portionen Optimismus einsetzen kann, ohne damit Erfolg zu verspüren, wenn man diese falsch einsetzt. Der Psychologe Martin Seligmann gibt für die Dosis des Optimismus in verschiedensten Lebenslagen eine präzise Antwort: Aus anthropologischer Sicht ist das Gehirn eines Menschen aufgrund seines Überlebenstriebs darauf gepolt, bedrohlich scheinenden und so mit negativen Erfahrungen verbundenen Situationen vorrangig zu gehorchen und die positiven hinten anzustellen. Aus unserer heutigen Sicht ist dieser Überlebenstrieb nicht mehr sehr zeitgemäß und so ist das Überleben auf viele andere Weisen gesichert, weswegen es sich also lohnt, sein Gehirn so umzustrukturieren, dass es Ihnen ermöglicht, Ihr Augenmerk auf glückliche und positive Einflüsse zu spezifizieren.

Dies bedeutet im Gegenzug natürlich nicht, negative Einflüsse komplett auszublenden und zu ignorieren, jedoch sollten Sie bei diesen Einflüssen auf Ihren Körper und Ihr Gehirn nicht instinktorientiert handeln und ein gewisses Fluchtverhalten an den Tag legen, sondern jede einzelne dieser Einflussfacetten auf realistische Art und Weise prüfen und letztendlich nach aufschlussreichen Analysen handeln. Zur Erleichterung dieser Entscheidungen, die nicht bewusst getroffen werden können, eignen sich Attributionsmuster, die Sie auf spezifische Konfrontationen anwenden können. Attributionsmuster entstehen aus Erfahrungen und ermöglichen Ihnen somit, neue Erlebnisse analysieren und einordnen zu können.

ATTRIBUTION

Individuelle Attributionsmuster

Das menschliche Gehirn arbeitet mit Reizen und anschließenden Folgen, um Situationen zu erkennen und zu erklären. Wie ist jenes Ereignis vonstattengegangen und welche Folgen wird dieses haben? Auch menschliche Verhaltensweisen werden so vom Gehirn analysiert. Wie und warum wurde dieses Verhalten gezeigt und welche Folgen hat es? Um die Entstehung von Ereignissen und Verhaltensweisen zu verstehen, versucht das Gehirn, diese bestimmten Umständen zuzuschreiben, sie zu attribuieren. Dadurch sorgt es im weiteren Verlauf für ein Sicherheitsgefühl und orientiert sich, damit die Verhaltensweisen, mit denen es konfrontiert wird, Sinn ergeben. Um die Bedeutung der Attribution der Ursachen verständlicher zu machen, wird Ihnen ein Beispiel aus dem Alltag geschildert: Gehen Sie von einem Kind in der Schule aus, welches ein gewisses Maß an Leistung bringt und dafür die Ursachen, also die Gründe wissen möchte. Warum ist das Kind beispielsweise gut in der Schule? Zunächst stellen sich zur Erklärung zwei Möglichkeiten zur Verfügung. Entweder das Kind attribuiert das erfreuliche Arbeiten in der Schule seinem eigenen Verstand und seinem eigenen Können samt strukturierter Vorbereitung oder es attribuiert die Leistungen einfach dem Zufall. Je nach Attribution, also nach Zuschreibungsrichtung, werden das Selbstwertgefühl und andere emotional folgende Verhaltensweisen geformt. Entgegengesetzt lässt sich dieses Beispiel natürlich auch auf negative Erlebnisse anwenden. Macht das Kind also für schlechte Leistungen in der Schule sich selbst verantwortlich, aus welchen Gründen auch immer? Hier kommen beispielsweise Faulheit oder fehlendes Talent infrage. Andernfalls kann das Kind die Gründe für schlechte Leistungen auch in externen Faktoren sehen, wie beispielsweise in der Komplexität der gestellten Aufgaben.

Für die letztendlichen Resultate und Folgen von Handlungen und

Ereignissen kommt es also auf die Erklärungen an, die Sie sich aus interner Sicht geben. Welche von Ihren Fähigkeiten war ursächlich für das Ergebnis? Führt das Kind im oben genannten Beispiel die guten schulischen Leistungen auf seine Vorbereitung, seine Planung und seinen eigenen Intellekt zurück, so wird es diese strukturierte Verhaltensweise wieder und immer wieder an den Tag legen, da es dadurch positives Feedback und ein überzeugendes Absolvieren der Aufgaben erhalten hat. Führt das Kind die Gründe für seine positiven schulischen Leistungen jedoch auf den Zufall zurück, also auf externe Faktoren, so wird es wohl keine Anstalten machen, sich an eine neue Aufgabe mit Vorbereitung und Planung zu setzen.

In der positiven Psychologie ist demnach eine geeignete Ursachenzuschreibung von hoher Bedeutung, da sie es uns ermöglicht, positive Ereignisse auf uns zurückzuführen und im Falle dessen negative Ereignisse auf Umwelteinflüsse zu projizieren. Diese Art von Ursachenzuschreibung erklärt also, ob sich ein Individuum selbst die Verantwortung für ein Ereignis oder eine Verhaltensweise zuschreibt oder ob es dies als externen Faktor ansieht. Sie gibt Aufschluss darüber, an welcher Stelle sich der Mensch motivieren kann und in welchen Situationen nicht.

Drei Dimensionen der Attribution

Um die Ausgangspunkte für Ereignisse oder Verhalten zu analysieren, nutzt der Mensch hierfür drei sogenannte Dimensionen zur Erklärung dieser. Diese drei Dimensionen sind der Urheber der Handlung, die zeitliche Stabilität und die Einordnung des Kontextes. Im Folgenden werden Ihnen diese samt Beispielen erläutert.

Zunächst geht es um den vermutlich wichtigsten Teil der Dimensionen der Attribution: Wer ist der Urheber der Handlung? Wie auch oben schon beschrieben geht es hier darum, internale oder externale Gründe für ein Ereignis zu erläutern. Empfindet ein Mensch ein Ereignis als

Folge seines eigenen Verhaltens, so stellt dies eine internale Attribution dar, geschieht ein Ereignis außerhalb seiner Verantwortung, so ist dies eine externale Attribution. Für die Belegung dieser These gibt es eine Vielzahl von Studien, die unter anderem von den US-amerikanischen Psychologinnen Judith Rodin und Ellen Jane Langer 1977 durchgeführt wurden. Hier wurde die Auswirkung der Unterstützung selbstverantwortlichen Handelns für Bewohner eines Altersheims untersucht. In diesem Fall wurden die Bewohner des Altersheims davon überzeugt, eigene Verantwortung für ihr Umfeld zu übernehmen und ihre jeweiligen Zimmer selbst zu gestalten und mit beispielsweise Topfpflanzen zu verschönern. Auch die Pflege dieser wurde ihnen aufgetragen. Zur gleichen Zeit wurde eine andere Gruppe im selben Altersheim, jedoch auf einer anderen Station, beobachtet, die diesen Auftrag nicht bekam. Schon nach weniger Zeit konnten die beiden Psychologinnen ein Ergebnis analysieren. Durch Fragebögen und genaues Beobachten konnte bei der Bewohnergruppe, die sich selbst um ihre Einrichtung kümmerte, ein höherer Grad des Wohlbefindens festgestellt werden und damit einhergehend eine erhöhte Aktivität. Weitere Untersuchungen über einen längeren Zeitraum zeigten, dass diese Folgen auch langfristig zu beobachten waren und sogar in die Lebenserwartung mit eingeflossen sind. Die Bewohner, deren Selbstverantwortung gesteigert worden war, konnten auch mit einer höheren Lebenserwartung rechnen.

Auch die folgenden beiden Dimensionen, die zeitliche Dimension und der Kontext, lassen sich auf vergangene Ereignisse und Handlungen anwenden. Bei der zeitlichen Dimension geht es in gewisser Weise darum, wie stabil oder variabel man eine Verhaltensweise oder ein Ereignis wahrnimmt. Ist die Attribution also stabil, so wird sie sich verallgemeinern und in ähnlichen Handlungen wieder Anwendung finden. Ist sie entgegengesetzt variabel, so wird das Ereignis, das dem eigenen Handeln folgt, eher seltener attribuiert. Ein pessimistischer Attributionsstil ist in diesem Bereich so zu sehen, dass man den Misserfolg für immer so sieht, übt man sich eher in der optimistischen Herangehensweise, wird der Misserfolg nur diesmal, also für diese einzigartige Situation, so gesehen. Zuletzt sieht man in den verschiedenen Dimensionen der Attribution noch den Kontext. Dieser zeichnet sich durch die konträren Sichtweisen des Globalen und des Spezifischen aus. In der globalen Sichtweise nimmt man eine allgemeinere Position ein und stellt das Problem in den Kontext aller Lebenslagen, wobei sich bei der spezifischen Sichtweise eine genauere Analyse des Problems oder des Erfolgs vollzieht. Hier bedeutet ein pessimistischer Attributionsstil, dass man im Falle eines Misserfolgs diesen so sieht, dass er universal und überall auftritt, während eine optimistische Herangehensweise eher nur auf die Charakteristik des einmaligen Misserfolgs abzielt.

Um die drei Dimensionen der Attribution, Urheber der Handlung, zeitliche Dimension und Kontext, deutlicher zu veranschaulichen, wird Ihnen für jede der Möglichkeit ein Beispiel gezeigt. Im Falle eines Misserfolgs werden die Attributionen folgendermaßen zu realen Ereignissen: Nehmen wir an, Ihr Misserfolg war ein schlecht verlaufendes Bewerbungsgespräch und Sie haben Ihre Wunschstelle nicht bekommen. Im Bereich des Urhebers der Handlung würden Sie bei internaler Attribution denken, dass Sie sich einfach nicht gut darstellen können und deshalb nicht genommen wurden, wohingegen Sie bei externaler Attribution den Misserfolg auf Ihren Gesprächspartner, der für die Einstellung in dem Unternehmen zuständig ist, schieben und beispielsweise der Meinung sind, dass dieser einen schlechten Tag hatte. In der zeitlichen Dimension würden Sie sich bei stabiler Attribution denken, dass das Gespräch einfach nicht gut lief und Sie es sich wohl nie aneignen werden, Ihre Stärken sichtbar darzustellen. Mit der variablen Attribution sagen Sie sich, dass solch ein Gespräch beim nächsten Mal einfach besser laufen wird, da jedes Vorstellungsgespräch in gewisser Weise ein Training für das wiederum nächste ist. Zuletzt bleibt bei einem Misserfolg der Bereich des Kontextes. In der globalen Attribution würden Sie sich als nicht gut betrachten, währenddessen Sie in der spezifischen Attribution analysieren und verstehen, dass das Unternehmen eine Person mit anderen Fachkenntnissen gesucht hat, die Sie nicht besitzen.

Um die Erläuterung im Falle eines Erfolgs darzustellen, folgt dieselbe Zuteilung nochmals mit der Vorstellung, Sie hätten die Wunschstelle nach einem gut verlaufenden Vorstellungsgespräch erhalten. Bei internaler Attribution im Bereich des Urhebers der Handlung denken Sie sich, dass Sie gut für diese Stelle geeignet sind, wohingegen Sie external denken würden, dass Ihr Gesprächspartner einen guten Tag hatte, Sie somit Glück hatten und deshalb die Stelle bekommen haben. In der zeitlichen Dimension und der stabilen Attribution führen Sie den Erfolg auf Ihre erstklassige Fähigkeit, sich gut präsentieren zu können, zurück. Bei variabler Attribution erkennen Sie, dass das Gespräch gut lief, zweifeln jedoch daran, dass dies auch wieder so laufen könnte. Zuletzt folgt auch im Falle des Erfolgs und somit des Erhalts der Arbeitsstelle der Kontext. Attribuieren Sie hier global, so sagen Sie sich, dass Sie stark und unschlagbar sind. Als Folge einer spezifischen Attribution würden Sie hier wohl eher argumentieren, dass die Übernahme an einem guten Zeugnis oder Ähnlichem lag und Sie damit Eindruck geschunden haben.

Diese eben erwähnten drei Dimensionen sind vor allem dazu da, Handlungen und Ereignisse zu analysieren, die Sie bereits durchlebt haben und die somit in der Vergangenheit liegen. Weiterhin existieren im Bereich der Attribution in der positiven Psychologie die gegenwärtigen Erfahrungen und deren Ursachen, wobei man von dem Begriff der Kontrollüberzeugung spricht, welche in den Experimenten der Psychologinnen Rodin und Langer veranschaulicht wird. Nimmt man die Ursachenzuschreibung, also die Attribution des Vergangenen, und die Kontrollüberzeugung, also die Attribution des Gegenwärtigen, so wird davon die Zukunftserwartung geprägt. So lässt sich durch die Vergangenheit, das Jetzt und die Zukunft eine Art Schaubild des Schiebereglers erstellen, der ein naheliegendes Schwarz-Weiß-Denken verhindert. Vor allem in den praktischen Bereichen der positiven Psychologie, wie beispielsweise in Beratungen und Coachings, findet diese Art von Übungen oft ihre Anwendung.

Wie Sie sicher erkennen können, bedeutet also ein Attributionsstil, der zwar kognitive Prozesse mit sich bringt, jedoch eher automatisch abläuft, eine deutliche Verlaufsplanung Ihres Lebens und Ihrer Einstellung zu diesem. Somit hängt mit ihm die Erfolgserwartung eigener Ziele zusammen und folglich ein positives Denken in Bezug auf anstehende Herausforderungen oder, im negativen Falle, resignierendes Denken, welches Sie das Problem überhaupt bearbeiten lässt. Ebenfalls ist ein Attributionsstil dafür unabdingbar, eine gewisse Motivation zu entwickeln, um Ziele zu erreichen oder Leistung zu vollbringen. Dies bedeutet im besten Fall, zu sagen, dass Sie dafür alles geben werden und es sich für Sie persönlich lohnt, und im schlechtesten Fall, dass Sie schneller bereit sind, den Kopf in den Sand zu stecken und aufzugeben.

Training zur Attribution

Ihr Training zur Attribution teilt sich in zwei Hauptteile, die Sie nacheinander absolvieren sollten. Im ersten Teil wird es um von Ihnen erlebte Misserfolge gehen und im zweiten Teil um Erfolge, die Ihnen widerfahren sind. Der Aufbau ist also ähnlich zum eben beschriebenen Beispiel.

Rekapitulieren Sie also und wählen Sie einen durchlebten Misserfolg, an den Sie sich genau erinnern können, und geben Sie dem ganzen Misserfolg einen Titel, sodass Sie sich persönlich mit diesem identifizieren können. Erinnern Sie sich also an diese Situation des Misserfolgs und machen Sie sich Gedanken darüber, welche Gründe und Ursachen dieser hatte. Notieren Sie sich dabei ein paar Gründe. Skizzieren Sie sich anschließend zur Vereinfachung je eine Tabelle mit zwei Spalten, in denen Sie die drei Dimensionen gegenüberstellen. Zunächst also internal gegen external, dann stabil gegen variabel und zuletzt global gegen spezifisch.

Die zuvor niedergeschriebenen Gründe des Misserfolgs können Sie nun den einzelnen Feldern zuordnen. Nun versuchen Sie, jede einzelne der drei Dimensionen als den oben genannten Schieberegler zu betrachten, der Sie sozusagen von der Vergangenheit über das Jetzt in die Zukunft bringt. Versuchen Sie, sich in den jeweiligen Dimensionen den Regler vorzustellen und verschieben Sie diesen in Bezug auf die von Ihnen notierten Gründe des Misserfolgs. Versuchen Sie sich ruhig in mehreren Einstellungen des Schiebereglers und stellen Sie sich bei jeder erneut gewählten Einstellung die Frage, welche neuen Erklärungen für Ihren Misserfolg infrage kommen. Versuchen Sie vor allem, im Hinblick auf die Zukunft nützliche Handlungsweisen zu entdecken, die Ihren Misserfolg ausmerzen könnten.

Im zweiten Teil des Trainings geht es um den Erfolg. Erinnern Sie sich analog zum ersten Teil des Trainings an einen durchlebten Erfolg, den Sie mit voller Kraft und mit vollem Bewusstsein erlebt haben. Geben Sie Ihrer optimalen Erfahrung einen Namen und einen kraftvollen Titel. Wichtig ist auch in dieser jeweiligen Situation des Erfolgs, dass Sie sich wirklich sehr detailreich erinnern können, um anschließend wieder zu rekapitulieren und zu analysieren, worauf Sie diese gelingende Situation zurückführen und welche Ursachen Sie dafür erkennen. Notieren Sie sich auch im zweiten Teil des Trainings einige Aspekte und Ursachen für den Erfolg, die Ihnen einfallen. Die Tabelle aus Teil 1 können Sie gern übernehmen, natürlich mit unausgefüllten Feldern. Anschließend ordnen Sie die Notizen wieder den einzelnen Extremen der jeweiligen Dimensionen zu und füllen Ihre Tabelle für den Erfolg somit aus. Mit den Erfolgsaspekten geschieht nun dasselbe wie mit den Misserfolgsaspekten, da Sie sie ebenfalls mit dem sogenannten Schieberegler in die verschiedenen Wahrnehmungszeiten bringen und somit verändern. Durchleben Sie also mit Ihren Gründen für den Erfolg die Vergangenheit, die Gegenwart und die Zukunft und versuchen Sie, auch in diesem Fall eine Reflexion dieser Ursachen zu erarbeiten. Welche Erklärungen liefert

Ihnen das Gedankenspiel? Welche Möglichkeiten des erneuten Auftretens der Ursachen werden Ihnen bewusst? All das versuchen Sie, auch im zweiten Teil des Trainings herauszufinden.

Wie auch in den anderen Kapiteln des Textes war dieses Training wieder nur eines von vielen Beispielen, wie Sie sich mit den Ursachen und Gründen Ihres Erfolgs, aber auch Ihres Misserfolgs, beschäftigen können und diese gezielt analysieren und anschließend verändern können. Das eben beschriebene Training ist jedenfalls ein guter Beginn für Ihre angestrebte Erfolgsanalyse und einer daraus folgenden Intervention bzw. Veränderung.

RE-ATTRIBUTION

In der allgemeinen Praxis, vor allem im täglichen Training mit Kindern und Jugendlichen an beispielsweise Schulen, hat sich weiterhin der Ansatz der Re-Attribution herausgebildet, der eben besagte Altersgruppen dazu befähigen soll, positive Attributionsmuster zu entwickeln. Ähnlich wie die Attribution handelt auch die Re-Attribution von Dimensionen und Ursachen von Erfolgs- und Misserfolgserlebnissen. Der Begriff des Trainings der Re-Attribution ist vor allem im deutschsprachigen Raum ein Begriff und wurde vom Münchener Psychologieprofessor Kurt Heller 2004 entwickelt und erläutert. So geht Heller auch in dieser Theorie davon aus, dass Kinder und Jugendliche sich Erfolg oder Misserfolg durch internale bzw. externale Gründe erklären. Nochmal zur Erinnerung: Im Falle einer erfolgreichen Aufgabenlösung in der Schule spricht der Schüler bei internalen Gründen von eigener Begabung oder persönlich guter Vorbereitung und Ähnlichem, bei externalen Gründen wiederum vom geringen Schwierigkeitsgrad der Aufgabe oder von Glück. Bei einem Misserfolgserlebnis, beispielsweise einer nicht gelösten Aufgabe, sprechen Schülerinnen und Schüler dann bei internalen Gründen von mangelnden Fähigkeiten, bei externalen Gründen sprechen sie von einem hohen Schwierigkeitsgrad der Aufgabe oder Pech.

Um diese Gedankengänge besser erklären und veranschaulichen zu können, steht das folgende Schaubild sinnbildlich für den oben beschriebenen Fall.

		Wer oder was ist der Grund für die Leistung?	
		Internal: Ich	**External: Umwelt**
Zeitliche Stabilität	**Stabil**	**Begabung/Fähigkeit** Ich kann das. Ich bin gut. Ich kann das einfach nicht. Ich bin ein Versager. Ich bin zu dumm.	**Schwierigkeit der Aufgabe** Die Aufgabe war schwer. Die Aufgabe war leicht.
	Variabel	**Anstrengung/Engagement** Ich habe gut gelernt. Ich werde beim nächsten Mal mehr tun.	**Zufall (Glück vs. Pech)** Ich hatte Glück. Ich hatte Pech.

Matrix für Ursachenzuschreibung (nach Heller 2004)

Ebenfalls in diesen Erklärungsmustern sehen die Eltern und Lehrer der jeweiligen Schülerinnen und Schüler die Erfolge und Misserfolge. Damit wird es durch Anleitung der Eltern und Lehrer möglich, bei Schülerinnen und Schülern ein positives Attributionsmuster zu unterstützen, indem ihnen die Erfolge oder Misserfolge günstig erklärt werden. Auch deren Selbstwert und Motivation für die Absolvierung zukünftiger Herausforderungen wird dadurch gesteigert. Auch, wenn darüber in unserer heutigen Zeit noch wenig nachgedacht wird, wäre es sinnvoll, mit Kindern und Jugendlichen nicht nur in der Schule darauf hinzuarbeiten, günstige und positive Attributionsmuster zu erlernen, sondern auch in ihren sozialen Umfeldern, wie dem Elternhaus oder in Sportvereinen. Durch das so beschriebene Erlernen neuer Ursachenzuschreibungen entsteht das entsprechende Training der Re-Attribution, das vor allem in neuartigen, elementaren oder unangekündigten Situationen helfen kann. Eine neuartige Situation in der Schule stellt beispielsweise ein Schulwechsel dar, der mit Lernen neuer Fremdsprachen oder anderem neuen Stoff in Verbindung steht. Eine elementare Situation beschreibt wiederum die Wichtigkeit der Schulleistungen in unserer Gesellschaft, welche daraufhin Druck in Prüfungssituationen oder anderen Leistungsabnahmen mit sich bringt. Zuletzt bedeutet auch jede Prüfung eine überraschende Situation für Schülerinnen und Schüler.

Eine wichtige Erkenntnis in der positiven Psychologie und der damit verbundene Entwicklung der Re-Attribution ist, dass jegliche Attributionen von Ursachen selten angeboren, sondern in den meisten Situationen erlernt sind. Somit spielt die Lerngeschichte bei einem Menschen eine wichtige Rolle, wenn man dessen Attributionsmuster erklären und verändern möchte. Vor allem im Kindesalter kann bei diesen Mustern noch sehr gut interveniert und angepasst werden, da meist das familiäre Umfeld eine wichtige Rolle in der lerngeschichtlichen Entwicklung des Kindes einnimmt. Vor allem Eltern, in vielen Fällen aber auch Lehrkräfte, können die Kinder dabei unterstützen, destruktive Attributionsmuster zu mindern und positive Attributionsmuster zu entwickeln und zu fördern.

Für die Anwendung in der Praxis, also im schulischen und familiären Alltag, führt der Psychologe Heller zwei grundsätzliche Wege an. Im ersten dieser Wege zeigt das Kind bereits positive Attributionsmuster. Vor allem Eltern, aber auch Lehrkräfte der jeweiligen Schülerin oder des jeweiligen Schülers können diese positiven und förderlichen Muster aus Verhaltensweisen und Aussagen herauslesen und -hören. Ist dieser Prozess im Gange, bleibt den Eltern oder den Lehrkräften einzig die Arbeit, das jeweilige Kind in dessen Aussagen zu bestätigen und die Zuschreibungen für die Ursachen als richtig zu symbolisieren. Der zweite der grundsätzlichen Wege nach Heller geht von einem destruktiven Attributionsmuster aus und einer damit einhergehenden Hilfe der Eltern oder der Lehrkräfte der jeweiligen Schülerin oder des jeweiligen Schülers. Die Hilfe sieht hierbei so aus, dass beispielsweise Eltern ihrem Kind die Ursachen für den Erfolg oder den Misserfolg erklären und verständlich machen. Zusätzlich zur Erklärung folgt schließlich noch eine Alternativerklärung, die dem Kind vorgeschlagen wird. Somit werden dem Kind differenzierte Ursachenzuschreibungen sichtbar gemacht.

Das Ziel der Praxis der Re-Attribution stellt also zusammenfassend eine Selbstwert- und Motivationsförderung für Kinder und Jugendliche dar. Sie sollen durch Trainings und Übungen lernen, in kritischen Lernsituationen solche Erklärungen selbstständiger und letztendlich ohne Unterstützung von Eltern oder Lehrkräften einzusetzen. Somit soll die Re-Attribution nach Heller zu einer selbstmotivierenden und angemessen selbsteinschätzenden Entwicklung eines Individuums beitragen.

Positive Kommunikation

In der positiven Psychologie entstehen viele Bereiche durch Forschung und Studien. Die direkte Interaktion zwischen Individuen ist dabei ein wichtiger Bestandteil. Im Folgenden wird es um einen elementaren Teilbereich der Interaktion zwischen Menschen gehen: die Kommunikation. Wie so häufig in der positiven Psychologie wird hierbei auch eine spezielle Art der Kommunikation beleuchtet, nämlich die positive Kommunikation.

Ein zentraler Begriff der positiven Kommunikation ist die Gutherzigkeit. Im besten Fall stellt diese Gutherzigkeit ein alltägliches Verhalten dar, welches viel zu selten wertgeschätzt und oft für normal und alltäglich gehalten wird. Dennoch zeigt es, dass die positive Psychologie kein wissenschaftliches Gebiet des Abstrakten und Unnahbaren ist, sondern dass sie sich mit Dingen aus dem Leben eines jeden befasst. Weiter oben war von Tugenden und Charakterstärken die Rede, wobei die Gutherzigkeit eine der sechs Tugenden in der positiven Psychologie darstellt, hier wird sie Freundlichkeit genannt. Im Einklang mit der positiven Emotion und der emotionalen Intelligenz ist die Freundlichkeit eine elementare Charakterstärke, um eine Beziehung gelingen zu lassen.

Die Gutherzigkeit widerfährt Ihnen vor allem in kürzeren und kleineren Alltagssituationen, die sich in Form von Gesten fremder Menschen oder kleinen Überraschungen Ihrer Lieben sichtbar machen. Im Prinzip sind es die kleinen Dinge des Lebens, die uns glücklich machen, die unserem Leben einen Sinn verleihen und die es vor allem in den Bahnen halten. Ohne diese kleinen, gutherzigen Momente wäre auch Ihr Alltag sicherlich ein tristerer und am Ende des Tages fällt es Ihnen wahrscheinlich auch schwer, sich an diese Situationen zu erinnern, aber eine Abwesenheit dieser würde Ihnen ebenso auffallen. Es sind die Situationen, die wir oft auch nur mit unserem Unterbewusstsein aufnehmen, wie das klassische Beispiel, einer alten Dame über die Straße zu helfen oder an der Supermarktkasse mit Kleingeld auszuhelfen. Diese Gesten der Gutherzigkeit halten Sie auf lange Zeit psychisch gesund und sind somit ein wichtiger Teil, wenn Sie sich mit Ihrer Psyche beschäftigen wollen.

Stecken Sie in Zeiten fest, in denen Ihnen jede solch freundliche Geste ein großes Maß an Überwindung abverlangt, oder fühlen Sie sich vom Rest der Menschheit genervt, gibt es auch hier einfache Übungen, die Ihnen in diesem Bereich schnell wieder auf die Beine helfen. Machen Sie sich also zunächst Gedanken darüber, welche Situationen sich in Ihrem Alltag bieten könnten, in denen Sie einem anderen Menschen mit etwas Gutem oder einfach mit einer kleinen Freundlichkeit entgegenkommen könnten, und merken Sie sich diese oder schreiben Sie sie auf. Fällt die Suche nach Gelegenheiten anfänglich noch etwas schwer, beginnen Sie ruhig mit offensichtlichen und einfach zu absolvierenden Möglichkeiten der Gutherzigkeit. Fühlen Sie sich schließlich etwas geübter, können Sie sich natürlich auch neue, ungewöhnliche Gutherzigkeit notieren, die Sie in speziellen Situationen anwenden können. Gehen Sie anschließend offen und aufmerksam durch Ihren Alltag, wenden Sie Ihre individuellen, gutherzigen Absichten an und beobachten Sie sich dabei, wie sich Ihre Stimmung und Gefühlslage wieder oder weiterhin zum Guten wenden.

POSITIVE RESONANZ

Vor allem die US-amerikanische Psychologin Barbara Lee Fredrickson prägte den Begriff der positiven Resonanz und betitelte diese als natürliche Grundlage menschlicher Beziehungen. Ihrer Behauptung nach beziehen Individuen, die die Möglichkeiten und vor allem Fähigkeiten besitzen, positive Gefühle zu erleben, die Sichtweisen und Meinungen anderer Personen öfter mit ein, öffnen sich der Weltanschauungen und Fokusse ihrer Mitmenschen und beziehen sie somit besser in Interaktionen und Ähnliches mit ein. Diese Fähigkeit ist ein wichtiger Teil, um positive Beziehungen aufzubauen, wobei eine jede dieser Fähigkeiten einen Moment positiver Resonanz erzeugen kann. Dies wird durch Verhalten deutlich, das sich in Interaktionen bei positiver Resonanz aneinander anpasst. So ist während einer hohen positiven Resonanz in beispielsweise Gesprächen zu beobachten, dass sich die Gesprächspartner annähern, nicht unbedingt in Meinung und Aussage, jedoch in der Gestik und den Bewegungsabläufen der Arme sowie in der Mimik. Die Körper der Gesprächspartner ergänzen sich sinnbildlich und werden eins.

Natürlich können Sie eine solche Verbindung zu Ihrem Gesprächspartner nicht beliebig aufbauen und ausführen, für solch einen Moment der positiven Resonanz ist eine gewisse Vertrautheit und ein gewisses Verbindungsgefühl notwendig. Sind Sie andernfalls nicht sehr vertraut mit Ihrem Gegenüber, so könnten Sie sich schwertun, sich ausnahmslos zu öffnen und eine hundertprozentige Ehrlichkeit an den Tag zu legen. Dies beeinflusst dann nicht nur Ihr Verhalten und Ihre Aussagen, sondern auch Ihre Wahrnehmung in Bezug auf das Verhalten und die Worte Ihres Gesprächspartners in der jeweiligen Kommunikation. Um eine für den Moment der positiven Resonanz geeignete Verbindung herzustellen, ist es von elementarer Bedeutung, dass sowohl ein Stimmkontakt hergestellt werden kann und darüber hinaus auch noch Körper- und im besten Fall Blickkontakt. Vor allem der Blick- und Körperkontakt während der Kommunikation findet auf einer höchst sensorischen Ebene statt, wobei man schließlich die Erfahrung eines gemeinsamen Fühlens entwickelt und sich praktisch auf der sprichwörtlichen selben Wellenlänge bewegt.

Positive Kommunikation entsteht somit für Fredrickson nicht in einem Gehirn, sondern praktisch in zwei Gehirnen, die daraus eine Handlung werden lassen und sich in absolutem Einklang befinden. Durch diese Tatsache der beidseitig erlebten Verbindung entsteht auf beiden Seiten das Gefühl, wahrgenommen zu werden, was wiederum positive

Gefühle erzeugt und positive Kommunikation fördert. Durch diesen Kreislauf werden Menschen dazu befähigt, regelmäßig glückliche Gefühle zu erleben, und fühlen sich deshalb gut und tun wiederum Gutes.

AKTIVES ZUHÖREN

Um positive Resonanz in der Kommunikation zu erleben, ist eine gegenseitige Rücksichtnahme der Gesprächspartner unumgänglich. Es genügt nicht nur, seinen Horizont dafür aufzutun, um Interessen und Sichtweisen anderer Menschen zu erkennen und zu verstehen, sondern man muss diese auch aus sich herauskommen lassen und schließlich dem Sinn des Hörens genauestens nachgehen. Im Prinzip gelingt das nur durch das sogenannte aktive Zuhören. Allein das Zuhören an sich ist ein elementarer Teil der positiven Kommunikation und somit auch der positiven Psychologie. Der erweiterte Begriff des aktiven Zuhörens ermöglicht Ihnen, auf einfache und ausdrückliche Art und Weise Ihrem Gegenüber Ihr persönliches Interesse zu zeigen.

Das Prinzip des aktiven Zuhörens wird nicht nur als Ratgeber in Alltagssituationen empfohlen, sondern findet auch in psychotherapeutischen Einrichtungen und Trainings Anwendung. Nicht nur in Einrichtungen, die sich mit psychologischen Defiziten auseinandersetzen, ist der Begriff des aktiven Zuhörens von Bedeutung, auch und gerade in der positiven Psychologie in Form von Coachings in Beratungsfirmen oder ähnlichen Businessunternehmen ist das aktive Zuhören längst kein Fremdwort mehr. Gerade in zuletzt genannten Bereichen ist das Eingehen auf Statements des Gesprächspartners oder das Verlangen nach Bestätigung des richtigen Verstehens ein elementarer Bestandteil geworden. Natürlich hat aktives Zuhören, neben Eingehen und Bestätigen der Aussagen des Gegenübers, auch noch weitere Merkmale, die es zu erwähnen gilt. Der Psychologe und Autor Claus Blickhan verfasste hierzu 2007 in seinem Buch „Die sieben Gesprächsförderer: miteinander reden lernen“ sechs verschiedene Stufen des aktiven Zuhörens, die aufeinander aufbauen und Ihnen im Folgenden erläutert werden.

Stufe 1 des aktiven Zuhörens: Die erste Stufe des aktiven Zuhörens steht für das, was Sie vermutlich alltäglich unter Zuhören verstehen, nämlich, während eines Gesprächs nicht zu sprechen, Ihren Gesprächspartner ausreden zu lassen und ihn nicht zu stören. Nicht sprechen bedeutet hier allerdings nicht, nichts zu tun oder in der Gegend umherzuschauen. Fokussieren Sie sich trotz des Schweigens auf Ihren Gesprächspartner und schauen Sie ihn an. Befolgen Sie diesen Rat, geht es in der Stufe 1 des aktiven Zuhörens noch ein Stück über das gewöhnliche Zuhören hinaus, denn Sie sollten zusätzlich versuchen, die Körperhaltung, -spannung und -sprache Ihres Gegenübers zu imitieren und sich dieser anzupassen, um eine gewisse Sympathie zu entwickeln und mit Ihrem Partner auf ein „Niveau“ zu kommen.

Stufe 2 des aktiven Zuhörens: In der zweiten Stufe geht es nun um das, was Sie von Ihrem Gesprächspartner vernommen haben, und darum, dass Sie diese Aussage zunächst sozusagen attestieren und schließlich bestätigen. Wichtig ist hierbei, dass Sie das Attestieren und das Bestätigen nicht verwechseln. Attestieren bedeutet im Zusammenhang mit aktivem Zuhören eine Art akustisches Echo, das Sie Ihrem Partner geben. Dieses Echo soll aber noch nicht bedeuten, dass Sie ihm zustimmen, sondern zunächst nur, dass Sie verstanden haben, was Ihr Partner mit seinem Gesagten meint. Eine Bestätigung geben Sie erst, wenn Ihnen der Gesprächspartner die Zeit dazu einräumt. Dann stimmen Sie in die Meinung mit ein und bestätigen Ihre ähnliche Sichtweise. Natürlich erfolgt das auf diese Weise nur, wenn Sie tatsächlich derselben Meinung sind.

Stufe 3 des aktiven Zuhörens: Die dritte Stufe des aktiven Zuhörens beinhaltet das Nachfragen bei nicht verstandenen Aussagen des

Gesprächspartners. Auch, wenn Sie glauben, diese verstanden zu haben, symbolisiert eine Nachfrage ein gewisses Interesse an den Aussagen Ihres Gegenübers. Versuchen Sie sich neben der direkten Nachfrage auch in der indirekten Nachfrage. Versuchen Sie hierbei, eigene, zu den Aussagen des Partners passende Gedankengänge zu formulieren und sie zur Frage umzustrukturieren. Wichtig ist allerdings der absolute Bezug zu den inhaltlichen Gedanken des Gesprächspartners.

Stufe 4 des aktiven Zuhörens: Die nächste Stufe beinhaltet lediglich das Wiederholen der Aussagen Ihres Gesprächspartners. Natürlich müssen Sie hierbei kein wörtliches Spiegeln des Gesagten wiedergeben, eine sinngemäße Wiedergabe genügt. Verbalisieren Sie also die Gedanken Ihres Gegenübers und versuchen Sie, diese mit eigenen Worten zu umschreiben und zusammenzufassen.

Stufe 5 des aktiven Zuhörens: In Stufe 5 des aktiven Zuhörens geht es primär nicht um die Aussagen des Gegenübers, sondern vielmehr um das, was dieser während des Erzählens fühlt. Versuchen Sie also, zu erkennen, wie sich Ihr Gesprächspartner bei seinen Aussagen fühlt und was er denkt. Erzählt Ihr Partner von einem Misserfolg oder ähnlichen negativen Erfahrungen, versuchen Sie nicht nur, den Inhalt zu verstehen, sondern versuchen Sie auch, ein gewisses Gespür für dessen Gefühlslage zu entwickeln, und versetzen Sie sich in die Lage des Partners. Wenn Sie es schaffen, die Gefühlslage des Gegenübers zu verstehen und diese auch zu beachten, und das deutlich machen, so verspürt Ihr Partner ein Gefühl der Geborgenheit und Sicherheit, die dem Gespräch einen angenehmen Fluss verleihen.

Stufe 6 des aktiven Zuhörens: Die sechste und letzte Stufe des aktiven Zuhörens erweitert die fünfte Stufe in Anbetracht des Verständnisses der Gefühle des Gesprächspartners. Erkennen Sie – wie in der fünften

Stufe beschrieben – dessen Gefühlslage, geht es nun darum, auf die Wünsche und Beweggründe einzugehen. Versuchen Sie also, gemeinsam mit Ihrem Partner in Worte zu fassen, was dessen Grundbedürfnisse sind und welche Ziele er hat, vor allem durch die Kundgebung seiner Lage.

Durch die sechs Stufen des aktiven Zuhörens wird es Ihnen ermöglicht, einen zwar alltäglichen, jedoch theoretischen Begriff praktisch zu durchleben und auch in Übungen mit Bekannten zu trainieren und in der Praxis anzuwenden.

AKTIVE KOMMUNIKATION

Neben dem aktiven Zuhören gehört in der positiven Kommunikation aber noch eine Vielzahl weiterer Faktoren zu einer gelingenden Kommunikation. Vor allem die Folge des aktiven Zuhörens, das konstruktive Antworten, spielt eine weitere wichtige Rolle. Auch in diesem Abschnitt wird es nach einer theoretischen Erklärung der aktiven Kommunikation eine kleine praktische Übung für Sie persönlich geben.

Vor allem die zuvor erwähnte Situation, in der Ihr Gesprächspartner von einem Misserfolg oder einer ähnlich belastenden Erfahrung spricht, macht ein aktives Zuhören zwingend notwendig und muss in jedem Fall durch ein adäquates Antworten, in Rücksichtnahme auf Gefühle des Partners, ergänzt werden. Diese Fähigkeit wird auch häufig soziale Unterstützung genannt. Es kommt hier also auf Ihre emotionale Intelligenz an, um adäquate Unterstützung zu geben. Wie Sie vielleicht schon bemerkt haben, ist diese Art der Kommunikationsführung wieder sehr darauf bezogen, negative oder belastende Erfahrungen zu analysieren und zu verarbeiten, und man befindet sich schnell wieder im Bereich der defizitorientierten Psychologie. Nicht weniger wichtig ist allerdings eine Anwendung der aktiven Gesprächsführung im Bereich der positiven Psychologie, also in Situationen, in denen Menschen über positive Erfahrungen berichten. Wenn Sie sich als Gesprächspartner in Gefühle einfinden können, die durch negative Erfahrungen entstanden sind, so ist es Ihnen also auch möglich, von positiven Erfahrungen, die Ihr Gegenüber erlebt hat, zu profitieren. Auch in der Praxis ist dies umsetzbar. Erzählt Ihr Gesprächspartner von glücklichen Erfahrungen seines Lebens, so gibt es verschiedene Möglichkeiten, wie Sie darauf reagieren können.

In der positiven Psychologie teilt man diese Möglichkeiten in zwei Dimensionen. In der ersten Dimension geht es darum, wie aktiv – also wie interessiert oder beteiligt – oder wie passiv – also wie zurückhaltend – Sie auf die Erfahrungen Ihres Gegenübers reagieren und schließlich antworten. In der zweiten Dimension geht es um die Konstruktivität, bzw. die Destruktivität Ihrer Antwort. Wie unterstützend ist Ihre Reaktion auf die erlebte positive Erfahrung Ihres Partners oder wie abwertend ist Ihre Reaktion darauf?

Wie Sie also erkennen können, werden die beiden Dimensionen nochmals in vier sogenannte Kommunikationsstrategien unterteilt, in die passive oder aktive Destruktivität und in die passive oder aktive Konstruktivität. Versuchen Sie, aktiv konstruktiv auf die Erzählungen Ihres Gegenübers zu antworten, so trägt das zu beidseitigem Nutzen bei, da Sie einerseits auf die positiven Gefühle eingehen und diese andererseits auch noch verstärken. Durch dieses Wohlbefinden Ihres Gesprächspartners erlebt dieser beim Teilen seiner positiven Erfahrungen ein erhöhtes Glücksgefühl und verbindet dies unter anderem mit der Beziehung, die Sie beide im Moment des Gesprächs haben. Dieses positive Wohlbefinden überträgt sich hier wiederum auf Sie als Zuhörer. Durch passive und/oder destruktive Kommunikationsstrukturen verhindern Sie als Zuhörer einen solchen Gesprächsfluss und die damit zusammenhängenden Gefühle. Um Ihnen einen Überblick über die Folgen aller vier Kommunikationsstrukturen zu geben, werden diese samt der jeweils analogen Körpersprache im Folgenden erläutert. Zur Veranschaulichung werden diese mit Beispielen verknüpft, in der die Ausgangssituation eine Beziehung darstellt, in der die Frau am Abend ihrem Partner eröffnet, dass sie zur Projektleiterin eines elementaren Projektes ernannt worden ist.

Bei passiv destruktiver Kommunikationsstruktur reagieren Sie während eines Gesprächs mit höchster Abneigung gegenüber Ihrem Gesprächspartner und vor allem gegenüber dem Thema. Sie streben hier einen Themenwechsel an und es führt in häufigen Fällen zur Ignoranz des Themas oder, schlimmer noch, zur Ignoranz des Gesprächspartners. Dabei ist Ihre Körperhaltung eher abweisend und ohne Reaktionen auf den Beitrag des Gegenübers. In unserem Beispiel würde der Partner dazu nur sagen, dass er heute einen Arbeitstag zum Vergessen hatte und einfach nur genervt ist. Bei einer passiv konstruktiven Gesprächsstruktur können Sie sich zumindest auf den Gesprächspartner und seine Erfahrungen einlassen. Wenigstens bewerten Sie diesen dabei sachlich positiv und stimmen inhaltlich zu.

Ihre Körpersprache ist währenddessen in geringer Stufe emotional und weiterhin sprechen Sie diese Emotionen auch bei Ihrem Gegenüber selten an. In unserem Beispiel würde der Partner antworten, dass dies eine gute Nachricht darstelle und seine Ehefrau es sich verdient hätte. Verhalten Sie sich im Gespräch hingegen aktiv destruktiv, so lösen Sie sich von der inhaltlichen Ebene und gehen ins Emotionale. Sie kritisieren Ihren Gesprächspartner häufig, sprechen Probleme an und bringen diesen so von seinem Gefühl des Wohlbefindens ab. Darüber hinaus unterstellen Sie Ihrem Gesprächspartner sogar negative Emotionen, nehmen damit einhergehend auch eine abwehrende Körperhaltung ein und hinterfragen jedes einzelne Detail der Erzählung. Das Gespräch gleicht somit eher einem Verhör als einer positiven Kommunikation. Im Beispiel sendete der Partner negative Strömungen und würde sagen, dass seine Ehefrau bald ständig Überstunden machen würde und deshalb seltener zu Hause anzutreffen wäre. Zuletzt steht Ihnen die Möglichkeit der aktiv konstruktiven Kommunikationsstruktur zur Verfügung.

Wie oben bereits erwähnt, wiederholen Sie aktiv die Glücksgefühle

Ihres Gesprächspartners, können sich in seine Gefühlslage einleben und äußern zusätzlich eigene, positive Gefühle. Ihre Körpersprache zeichnet sich in der aktiv konstruktiven Kommunikationsstruktur durch direkten und gewollten Blickkontakt und ein fortdauerndes Zuwenden aus. Ein weiteres Indiz für eine solche Gesprächsstruktur ist ein immer wiederkehrendes Lächeln. In unserem Beispiel würde der Partner sehr erfreulich auf die Situation reagieren und freudig ausdrücken, wie großartig er dieses Angebot fände und wie stolz er auf seine Ehefrau sei. Weiterhin würde er alle Details des Arbeitsgesprächs erfragen und was beispielsweise die ersten Gefühle seiner Ehefrau waren.

Letztendlich elementar bei der Anwendung einer Kommunikationsstruktur ist nicht nur die Qualität der eigenen Reaktion, sondern auch eine genau analysierte Auffassung der Gefühle des Gesprächspartners. Natürlich ist eine aktiv konstruktive Kommunikationsstruktur bei positiven Aussagen des Gegenübers sehr nützlich und führt zu einer Art Spirale des Glücks, wie oben beschrieben. Gehen Sie aber stattdessen davon aus, dass Ihnen Ihr Gesprächspartner von negativen Erfahrungen berichtet, wäre es unangebracht, eine verstärkende Gesprächsführung an den Tag zu legen und die negativen Gefühle bei Ihrem Gegenüber zu steigern. In einem solchen Fall genügt es meist, sich auf das aktive Zuhören zu beschränken. Hier hilft es, mit Ihrem Gesprächspartner zusammen ein Verständnis für dessen Lage zu entwickeln und diesem zuzuhören. Allein dieses Gefühl des Verstandenwerdens kann zu einer positiven Entwicklung der Gefühlslage des Gesprächspartners führen.

Abschließend zum Kapitel der aktiven Kommunikation wird Ihnen nun noch ein Training ans Herz gelegt, wie Sie bewusst aktiv und konstruktiv antworten können. Hierzu versuchen Sie, sich zunächst an eine konkrete Gesprächssituation zu erinnern, im besten Falle mit einer Person, die Ihnen sehr wichtig ist. Die gewählte Gesprächssituation sollte Ihnen gut in Erinnerung geblieben sein, sodass Sie sich diese sehr detailgetreu in Ihr Gedächtnis zurückrufen können. Achten Sie weiterhin darauf, dass Ihnen Ihr Gesprächspartner eine positive Erfahrung und ein gewisses Glücksgefühl vermitteln wollte. Erinnern Sie sich nun daran, was Ihnen Ihr Gesprächspartner in Worten gesagt hat und welche Emotionen Sie dabei wahrnehmen konnten. Überlegen Sie sich jetzt – unabhängig von dem, was Sie damals geantwortet haben –, was Sie Ihrem Gesprächspartner auf die Aussage antworten könnten und vor allem, wie Sie dies in einer aktiv konstruktiven Weise tun könnten. Hierbei sollten Sie darauf achten, dass Ihre Antwort und Ihr Auftreten zur Situation passen Zunächst spielt sich ein solches Training natürlich nur in Gedanken ab, je öfter Sie dieses jedoch wiederholen und üben, desto gewohnter ist schließlich Ihr Umgang mit solchen Situationen und der passenden Reaktion auf diese. Versuchen Sie sich nach einigen Gedankentests auch in Ihrer persönlichen, realen Umgebung und wenden Sie einen aktiv konstruktiven Kommunikationsstil in passenden Situationen an. Beobachten Sie dann weiterhin, wie Sie sich persönlich und auch die Beziehungen zu den jeweiligen Gesprächspartnern ändern.

FEEDBACK UND KONSTRUKTIVE KRITIK

Das Feedback ist heutzutage für jeden Menschen ein Begriff. Schon in der Schule wird man mit diesem Begriff konfrontiert und in den letzten Jahren wandelte sich das Bild des Feedbacks immer mehr zum Guten, da man nicht nur mit seinen Schwächen, sondern auch mit seinen Stärken konfrontiert und analysiert wird. An dieser Entwicklung hat die positive Psychologie einen erheblichen Anteil. In Bezug auf das Selbstbild einer Person hat das Feedback ebenfalls eine immense Auswirkung und beeinflusst somit auch den Charakter eines Individuums in Bezug auf Motivation für Leistungen und das Setzen von Zielen. Das Selbstbild entwickelt sich durch professionelle Gabe von Feedback immer weiter und es entsteht somit eine Art Lerngeschichte, die durch dieses Feedback positiv geformt werden kann. Wie in den Kapiteln zuvor erwähnt, ist bei einem Feedback die persönliche Verbindung zwischen Feedbackgeber und -nehmer ebenfalls sehr zu beachten, da ein solches aus familiärem oder freundschaftlichem Umfeld einen höheren Stellenwert besitzt.

FORMEN DES FEEDBACKS

Die US-amerikanische Psychologin Carol S. Dweck, die sich eingehend mit den Folgen von Feedback für die Psyche eines Menschen auseinandergesetzt hat, unterscheidet den Begriff des Feedbacks in drei Untergliederungen. Zunächst nennt sie das leistungsorientierte Feedback, darauf das prozessorientierte Feedback und zuletzt das faktenorientierte Feedback. Diese drei Ausprägungen des Feedbacks sind laut Dweck möglich.

Leistungsorientiertes Feedback

Mit dieser Art des Feedbacks wird – wie der Name schon sagt – vor allem die gezeigte Leistung in den Vordergrund gestellt. Vor allem in schulischen Einrichtungen, aber auch in großen Wirtschaftsunternehmen ist ein Individuum mit der Form des leistungsorientierten Feedbacks konfrontiert. In schulischen Einrichtungen wäre ein leistungsorientiertes Feedback beispielsweise eine Note für eine Prüfung oder ein Referat. Natürlich fördert diese Art von Feedback das persönliche Selbstbild bei einer positiven Leistung, sowohl in der Schule als auch in Unternehmen. Im Fall eines schlechten Werturteils ist hier aber das Gegenteil der Fall. Denn ein schlechtes Feedback, wie beispielsweise eine schlechte Note in einer Prüfung, gefährdet die positive Entwicklung des Selbstwerts. Somit fördert das leistungsorientierte Feedback eher ein statisches Selbstbild.

Prozessorientiertes Feedback

Wie eben im leistungsorientierten Feedback erläutert, konzentriert sich dieses lediglich auf das Ergebnis einer Prüfung oder einer anderen Aufgabe. Das prozessorientierte Feedback bezieht dies ebenfalls in seine Analyse mit ein, erweitert diese jedoch durch die Beleuchtung des Prozesses, durch den ein Ergebnis entstanden ist. Somit wird beispielsweise ein Ergebnis Ihrer Arbeit betrachtet, aber vor allem Ihr zeitlicher, physischer und psychischer Einsatz bewertet. Dieser Prozess kann trotz unbefriedigendem Ergebnis also positiv bewertet und analysiert werden und steigert auf diese einfache Art und Weise Ihren persönlichen Motivationsprozess. Weiterhin ist diese Art des Feedbacks wichtiger Bestandteil der Beziehung zwischen Feedbackgeber und Ihnen als Feedbackempfänger. Sie werden Ihrem Vorgesetzten sicher ein höheres Maß an Wertschätzung entgegenbringen, wenn dieser Sie nicht nur an einzelnen Ergebnissen bewertet, sondern auch an Ihrer Leistungsbereitschaft. Natürlich sollten bei dauerhaft negativen Ergebnissen weitere Facetten des Feedbacks angewendet werden, jedoch immer in Bezug auf den Prozess, nicht auf das Ergebnis. So ist bei wiederholter negativer Ergebnislage eventuell eine Intervention in den vorherigen Prozess nötig, um das Ergebnis zum Positiven zu verändern. Ebenso ist hier Ihr Selbstwertgefühl weniger gefährdet, da nicht Ihr Gesamtwerk infrage gestellt wird, sondern mit Ihnen persönlich an der Arbeit bis zum Ergebnis getüftelt werden kann.

Faktenorientiertes Feedback

Das faktenorientierte Feedback tendiert zum leistungsorientierten Feedback und beruht hauptsächlich auf faktischen Analysen. In sachlicher Art und Weise können hier Prozesse erläutert werden, vor allem geht es aber um den Fakt des Ergebnisses. Was diese Art des Feedbacks jedoch vom leistungsorientierten Feedback abgrenzt, ist die Tatsache, dass es zusätzlich die Einschätzung des Ergebnisses erweitern kann. So wird praktisch an Ihrem Ergebnis angesetzt und dort kritisiert oder verbessert. Als eingängiges Beispiel lässt sich hier eine Schulnote heranziehen, die eine gewisse Leistung aussagt. Faktenorientiertes Feedback wäre nun die beispielhafte Ergänzung, dass Sie um einen Punkt an der besseren Note vorbeigeschrammt sind. Für die Zukunft kann diese Art von Feedback ebenfalls zum Finden neuer Wege und Prozesse in Bezug auf das Ergebnis motivieren. Wichtig ist jedoch auch hier, wie in den beiden anderen erläuterten Formen des Feedbacks, eine solide und vertrauensvolle Basis des Feedbackgebers und des Feedbacknehmers.

KONSTRUKTIVE KRITIK

Im Anschluss an das Feedback geht es nun um die inhaltliche Ebene. Konstruktive Kritik ist hierbei eine elementare Basis für die positive Kommunikation. Konstruktiv bedeutet hier, jegliche Punkte, die angesprochen werden, sachlich zu sehen und keine persönlichen Empfindungen hineinzulegen. Ebenfalls bedeutet konstruktive Kritik einen erweiterten Umgang mit positiven Botschaften, die eine klare Überzahl der negativen Botschaften darstellen sollten. Natürlich ist es meist nicht möglich, keine Kritik oder negative Botschaften zu formulieren, jedoch sollten diese im selben Zug mit wiederum positiven Formulierungen ausgesprochen werden. Schließlich ist jeder negativen Leistung oder Situation etwas Positives abzugewinnen. Vor allem in Westeuropa und Nordamerika ist es nicht üblich, in Feedbackrunden Positives anzusprechen, erst recht nicht bei großen Business-Unternehmen, es gilt hier schlichtweg als überflüssig. So entstammt dieser Tatsache auch das bayrische Sprichwort, „Keine Rüge ist Lob genug“.

Um den Blick weg von klassischen Feedbackrunden hinein in den Alltag zu lenken, ist es ein Leichtes, positives Feedback in Ihren Arbeitstag einzubauen, aber auch in Ihr Privatleben. So helfen beispielsweise Rituale, die in direkten oder digitalen Gesprächen an Wertschätzungen erinnern und Sie diese daraufhin geben lassen. Fokussieren Sie sich also auf eine Art von Feedback, welches sich auf die Stärken Ihres Gegenübers bezieht, so wird Ihnen dieses auch als Ritual stets leichtfallen. Falls sich Ihr Feedback in der einen oder anderen Situation doch auf negative Ereignisse bezieht, so sollten Sie zwingend auf die Methode achten. Versuchen Sie, trotz der negativen Ereignisse konstruktiv und vor allem sachlich zu bleiben, um letztlich dennoch eine Leistungssteigerung zu erzielen. Wie oben schon erwähnt, ist eine positive Beziehung zwischen Feedbackgeber und Feedbackempfänger von elementarer Bedeutung. Um Ihnen den Umgang mit konstruktiver Kritik zu erleichtern, wird Ihnen im Folgenden ein kleiner Ratgeber für eine gelingende Strategie erläutert.

Zu Beginn Ihres Feedbacks sollten Sie versuchen, das Ereignis, auf das Sie sich mit Ihrer konstruktiven Kritik beziehen, faktisch zu beschreiben. Geht es beispielsweise um einen Vortrag Ihres Mitarbeiters, so benennen Sie konkret Verhaltensweisen, Aussagen und ähnliche Dinge, welche beobachtbar sind und auch für Ihren Mitarbeiter, den Feedbackempfänger, nachvollziehbar sind. Dieser muss klar erkennen, um welches Verhalten es Ihnen geht. Zusätzlich zur präzisen Beschreibung der Verhaltensweise sollten Sie dann Ihre Kritik an dieser äußern. Dies unterstützt eine solide Basis und zeigt Ihrem Gegenüber, dass Sie eine Änderung der Verhaltensweise unterstützen wollen. Achten Sie letzten Endes darauf, keine bewertenden oder negativen Begriffe zu verwenden, um der Beziehung zwischen Ihnen und Ihrem Mitarbeiter nicht zu schaden.

Als nächster Schritt ist nach der konkreten Benennung und Erläuterung der Verhaltensweise die Beschreibung der Folgen anzuführen. Sprechen Sie diese Auswirkungen, die sich lediglich auf die Arbeit Ihres Mitarbeiters und seiner dienstlichen Umgebung beziehen, sachlich an. Versuchen Sie auch hierbei, immer ohne Emotionen und sachlich zu bleiben.

Zuletzt ist es Ihre Aufgabe, mit dem Feedback der konstruktiven

Kritik neue Handlungswege zu erörtern. Wie oben schon erwähnt, soll der Feedbackempfänger von Anfang an spüren, worum es Ihnen geht. Schlagen Sie also alternatives Verhalten vor oder versuchen Sie, dieses gemeinsam mit Ihrem Mitarbeiter zu entwickeln. Beachten Sie diese Schritte in dieser Form, liegt das Hauptaugenmerk nicht nur auf dem Ergebnis, sondern auch auf dem Prozess, werden im besten Fall gemeinsam Lösungen gefunden, was der persönlichen Beziehung und dem Selbstwertgefühl Ihres Mitarbeiters guttut.

Positive Psychologie und die Physis

In vielen Bereichen der Psychologie geht es auch um körperliche Folgen und vor allem um dadurch entstehende Einschränkungen. So wird der Fokus in den meisten Bereichen eher auf Krankheitsbilder gelegt. Auch in der positiven Psychologie wird sich jedoch mit den Auswirkungen auf den Körper des Menschen befasst. Das Zusammenspiel aus Psyche und Körper kann so logischerweise auch positiv genutzt werden.

Ein häufig angeführtes Beispiel hierfür ist der Sport mit seinen facettenreichen Angeboten, der Menschen zu einem glücklicheren und ausgeglicheneren Leben verhilft. Sogar in psychotherapeutischer Praxis ist Sport ein wichtiger Bestandteil von Therapien und Trainings geworden, um die menschliche Psyche bei der Genese zu unterstützen. Somit ist es fast zwingend erforderlich, dass sich die positive Psychologie auch diesem Thema annimmt, nicht um Krankheitsbilder zu heilen, sondern um sich aktiv um ein Leben voller Wohlbefinden zu bemühen. Die zu Beginn erwähnte Broaden-and-Build-Theorie findet hier Anwendung, da Ihre körperliche Aktivität Ihre generelle Leistungsfähigkeit steigen lässt, Ihr eigenes Körperbild positiver erleben lässt oder Ihr Stresserleben senkt und so Ihre Selbstwirksamkeit fördert. Folglich verbessert dies Ihr Wohlbefinden und lässt Sie häufiger glückliche Emotionen empfinden, was Sie dazu antreibt, diese Aktivität häufiger zu absolvieren.

Natürlich sollten Sie darauf achten, dass Sie Ihrem Körper zu Beginn nicht zu viel zumuten, keine physischen Schmerzen erleiden und nicht in ein sogenanntes Loch fallen. Passen Sie Ihr Training oder Ihre Aktivität also individuell an und versuchen Sie, sich selbst heranzutasten. Empfohlen werden Ihnen hierfür drei Arten von sportlicher Aktivität.

Eines der wichtigsten Elemente hierbei ist das Herz-Kreislauf-Training, unter Fachpersonal auch als Kardio-Training bekannt. Versuchen Sie, sich hierbei fünfmal pro Woche etwa 30 Minuten Zeit zu nehmen, um dieses Training auszuführen. Hier ist kein Hochleistungssport gefragt, es genügt bereits, wenn Sie beispielsweise in der Mittagspause eine Runde spazieren gehen und dabei aktiv sind. Eine weitere alltagstaugliche Möglichkeit wäre in diesem Falle das stetige Benutzen von Treppen anstelle der Aufzüge. Weitere intensivere sportliche Aktivitäten sind natürlich immer erwünscht.

Um Ihrem Körper einen Moment der Ruhe zu gönnen, sollten Sie sich auch in Ihrer Beweglichkeit üben. Dreimal in der Woche sollten Sie sich ruhigen Tätigkeiten, wie dem Dehnen, widmen. Dies entspannt Ihre Muskulatur und lässt Sie ebenfalls in eine Art meditativen Zustand verfallen.

Als Erweiterung dieses meditativen Zustands wird Ihnen zuletzt das sogenannte neuromotorische Training empfohlen. Begriffe wie Yoga oder Tai-Chi sind heutzutage in aller Munde. Wenden Sie auch eine dieser Möglichkeiten zwei bis dreimal pro Woche an, üben Sie sich so in Ihren motorischen Möglichkeiten und bringen Sie Ihren Körper und Ihre Psyche in Einklang.

Zum Ende dieses Kapitels werden Ihnen noch einige Lebensweisen für ein Leben mit gesunder Psyche in einem gesunden Körper vorgeschlagen, die vom kanadischen Sportwissenschaftler Greg Wells zusammengefasst wurden:

Die 20-20-Regel: In den meisten Berufen unserer heutigen Welt ist eine sitzende Tätigkeit die Normalität geworden und so ist es keine Ausnahme, dass man am Arbeitsplatz mehrere Stunden am Tag sitzt. Wie oben beschrieben, kann man sich den restlichen Tag aktiveren Tätigkeiten widmen, jedoch erzeugt die Tatsache allein, dass man mehrere Stunden am Tag in sitzender Position verbringt, einen negativen körperlichen Effekt. Greg Wells empfiehlt deshalb, nach zwanzig Minuten einer sitzenden Tätigkeit zwanzig Sekunden Ausgleich zu schaffen, natürlich in Form von Bewegung. Hierbei ist darauf zu achten, dass man sich wirklich von seinem Platz erhebt und dann Aktivitäten, wie beispielsweise Gehen oder Dehnen, absolviert.

Bewusst essen: Vor allem im Bereich des Leistungssports hat sich eine bewusste und gesunde Ernährung in den letzten Jahren zu einem sehr wichtigen Faktor entwickelt. Es lohnt sich also, sich hier das eine oder andere abzuschauen. Vor allem können Sie sich hier die zielorientierte Ernährung aneignen. Ernährung ist freilich eine Wissenschaft für sich, jedoch sind in Verbindung mit der positiven Psychologie die Stoffe Tryptophan und Tyrosin wichtige Begriffe. Ernährung mit Tryptophan-Gehalt wird im Körper zu Serotonin verwandelt und lässt somit positive Gefühle entstehen. Vor allem in Phasen der Entspannung sollten Sie auf Nahrung mit Tryptophan-Gehalt besonders achten. Tyrosin ist wiederum für Phasen der gesteigerten Konzentration sehr hilfreich und kann Sie hierbei unterstützen. Vor allem in Nahrungsmitteln wie Erbsen, Käse oder Erdnüssen ist Tyrosin enthalten.

Schlafen: Wells trifft bezüglich des Schlafs die Aussage, dass dieser nicht nur als „lästiges Nebenprodukt“ in Ihrem Leben vorkommen darf. Geben Sie Ihrem Schlaf also einen Sinn und achten Sie vor allem auf einen angepassten Rhythmus Ihrer Wach- bzw. Schlafphasen. Nur so lässt sich die Regeneration des Körpers ohne Einschränkungen vollziehen.

Regenerieren: Um diese Regeneration nicht anstatt, sondern zusätzlich auch während des Tages zu fördern, wendet Wells die 1-3-2-Regel an. Geben Sie sich folglich eine Stunde am Tag Zeit, um Dinge zu tun, die Sie genießen, wie beispielsweise, ein Buch zu lesen oder spazieren zu gehen. Die Ziffer 3 steht für drei Tage im Monat, an denen Sie komplett abschalten sollten. Versuchen Sie an diesen Tagen auch, Ihr Mobiltelefon abzuschalten, und beschäftigen Sie sich mit sich. Zuletzt empfiehlt Wells zwei Wochen im Jahr, um sprichwörtlich wieder aufzutanken. Hiermit ist Urlaub gemeint, in dem Sie zwingend Ihr alltägliches Umfeld verlassen und fremden Einflüssen ausgesetzt sein sollten, um angenehme Erfahrungen und neue Reize kennenzulernen.

Ziele der positiven Psychologie

LANGFRISTIGES WOHLBEFINDEN

Welche sind also nun die Ziele der positiven Psychologie? Grundsätzlich lässt sich sicher sagen, dass das Erreichen eines Ziels Sie glücklich machen kann. Aufgrund des hohen Aufwands einer Zielerreichung und eines hohen Maßes an kognitiver Anstrengung sind eine Zielsetzung und eine Zielerreichung elementare Bestandteile unseres Lebens. Sie machen sich Gedanken über künftige Ziele, über die Erreichung dieser und auch über Dauer und Einsatz. Somit verbringen Sie viel Zeit mit dem Formulieren und Erreichen von Zielen und dieser Prozess setzt wiederum Gefühle und Gedanken frei. Wichtig sind Ziele für uns als Menschen, um einen Sinn im Leben zu finden, um Halt zu haben und um eine gewisse Struktur nicht aus den Augen zu verlieren, auch, wenn es um Ziele geht, die beinahe alltäglich sind, wie beispielsweise der Weg zur Arbeit. Geht es allerdings um langfristige Ziele, die sich jeder Mensch setzt, existieren unterschiedliche Arten von Zielen. Manche machen langfristig glücklich und manche weniger. Dies fanden mehrere Forscher unabhängig voneinander heraus.

Kompetenzziele:

Kompetenzziele richten sich auf die eigene Stärke und die damit verbundenen individuellen Leistungen, die daraus entstehen. Es geht also um die eigene Arbeit und um die eigene Leistung, durch die Sie an Ziele und somit an Erfolge und positive Gefühle gelangen. Das Entwickeln von Kompetenzzielen ist dabei keineswegs ein Phänomen aus der Arbeitswelt, schon als kleines Kind entwickelt man Kompetenzziele, die unabhängiges Bewältigen von Dingen beinhalten, wie beispielsweise, allein laufen zu können. Somit entwickelt sich die Fähigkeit, sich Kompetenzziele zu setzen, ein Leben lang weiter. Erreichen Sie häufiger Ziele, die auf Ihrer eigenen Kraft gründen, folgt daraus eine höhere Leistungsfähigkeit und damit einhergehend eine höhere Zufriedenheit. Es lohnt sich, eigene, individuelle Fähigkeiten und Stärken häufig zu nutzen und zu fördern.

Generativziele:

Generative Ziele sind im Gegensatz zu Kompetenzzielen schon etwas abstrakter. Hier ist ein individuelles Zutun der eigenen Stärken zwar auch relevant, es geht jedoch hauptsächlich um ein großes Ganzes. Dabei ist es wichtig, sich mit etwas zu beschäftigen, was Sie persönlich auch überdauern kann und über Ihren Tod hinweg Relevanz besitzt. Diese Ziele verfolgen Sie, um ein Bedürfnis zu stillen, welches Sie praktisch weiterleben lässt, in Taten, Worten und Zeichen. Somit zeugen Sie beispielsweise ein Kind oder pflanzen einen Baum, um Ihre generativen Ziele zu erreichen. Auch ideelle Themen, wie das Gründen einer Theorie oder das Fungieren als Mentor, zählen zu den Generativzielen, da Sie auch hier eine überdauernde Wirkung erzielen und Ihr individuelles Vermächtnis weitergetragen wird. Im Gegensatz zu den Kompetenzzielen entwickelt man Generativziele eher im Laufe des fortgeschrittenen Lebens und nicht schon zu Beginn.

Neben den zwei eben genannten Hauptzielen, die Menschen auf lange Sicht glücklich machen, gibt es auch noch andere Bereiche im Leben, die dies vermögen. Beispielsweise sind soziale Beziehungen und ganz besonders die Nähe zu anderen Individuen Grundbedürfnisse, welche uns glücklich machen.

Auch wenn dieser Abschnitt von langfristigem Wohlbefinden spricht, sollten ebenfalls kurz Ziele angesprochen werden, die langfristig weniger glücklich machen. Ein Paradebeispiel hierfür ist der Wohlstand. Lebt man täglich am Existenzminimum und versucht, jeden Tag aufs

Neue zu überleben, so schränkt dies definitiv langfristiges Glück und Wohlbefinden ein. Erreichen Sie jedoch den Bereich eines gewissen Lebensstandards, so ist eine weitere Anreicherung von Geld und materiellen Dingen kein Indiz für ein höheres Gefühl von Glück. Somit lässt sich sagen, dass Sie sich im Fall eines gesicherten Lebens in Form von Bezahlung Ihrer Wohnung und Ihrer Nahrung, eher auf generative Ziele konzentrieren sollten, als weiter nach materiellen Dingen zu streben. Dies macht auf lange Sicht nicht glücklich. Neben Wohlstand können ebenfalls die äußerliche Attraktivität, Macht oder großer Einfluss als Ziele gesehen werden, die nicht langfristig glücklich machen.

WOHER KOMMEN UNSERE ZIELE?

Für das Erreichen Ihrer Ziele ist ein elementarer Begriff die Motivation, die Sie dafür aufbringen können oder wollen. Hierfür kann die Motivation aus verschiedensten Quellen geschöpft werden. Verfolgen Sie Ziele, die nur Sie beeinflussen können und die nur aus Ihrer Überzeugung heraus sinnvoll sind, so eifern Sie intrinsischen Zielen nach. Verfolgen Sie Ziele, die Ihnen beispielsweise nach außen ein besseres Bild verschaffen, wie eine Beförderung, so sind dies extrinsische Ziele. Grundsätzlich stellen Ihre Verhaltensweisen einen wichtigen Punkt für das Erreichen Ihres Ziels dar. Um dieses anzugehen und weiterzuverfolgen, benötigen Sie die eben erwähnte Motivation, auf die in vorderen Kapiteln bereits eingegangen wurde. Um das jeweilige Zusammenspiel zwischen Zielen und Verhalten zu analysieren, sind vier Kriterien von großer Bedeutung.

Grundsätzliche Motivation

Zunächst stellt sich Ihnen natürlich die Frage über Ihr grundsätzliches Verhalten bezüglich des Erreichens von Zielen. Hier geht es noch nicht um konkret gesetzte Ziele, sondern nur um Ihre ausgebildeten Fähigkeiten, sich für bestimmte Ziele aufraffen zu können. Können Sie also dementsprechend aus sich heraus Motivation aufbringen, um Dinge zu erreichen, so werden die nächsten Kriterien für Sie interessant. Merken Sie bei sich eine grundsätzliche Demotivation und ein Gefühl, dass Sie sich für nichts auf der Welt aufraffen können, so wird es schwierig werden, aus eigenem Antrieb zu handeln und für Ihre Ziele einzustehen.

Richtung der Motivation

Haben Sie also die Fähigkeit, internale Motivation für das Erreichen Ihrer Ziele aufzubringen, so stellt sich die nächste Frage, die Frage der konkreten Ziele. Können Sie sich grundsätzlich motivieren, so ist das eine wichtige Voraussetzung, jedoch sollten Sie darauffolgend klare Ziele definieren, auf die sich Ihre Motivation bezieht. Welche genauen Inhalte sind mit Ihrer Motivation verbunden?

Möglichkeiten der Motivation

Der wohl wichtigste Schritt im Prozess der Zielerreichung und der dafür notwendigen Motivation ist das Entdecken Ihrer individuellen motivatorischen Möglichkeiten. Auf welche Art und Weise können Sie sich motivieren, um Ihr Ziel zu erreichen? Wichtig beim Fassen dieser Gedanken ist, dass Sie versuchen, herauszufinden, welche Gründe es hat, dass Sie dieses bestimmte Ziel verfolgen. Hier spielen die oben erwähnten Arten der Ziele, die extrinsische und die intrinsische, eine wichtige Rolle.

Zunächst muss über diese beiden Arten gesagt werden, dass sie nicht immer klar erkennbar sind und man auch nicht behaupten kann, dieses Ziel sei intrinsischer Art, jenes extrinsischer. So kann beispielsweise ein sportlicher Erfolg beide Arten von Zielen beinhalten. Ginge es Ihnen hierbei um Anerkennung, so wäre Ihr Ziel ein extrinsisches, ginge es Ihnen bei diesem Erfolg um ein Gefühl der inneren Stärke oder einer sportlichen Gemeinschaft, so wäre dies ein intrinsisches Ziel. Sie sehen also, ein und dasselbe Ziel kann mehrere Begründungen haben. Um den Bogen zur positiven Psychologie zu spannen, lässt sich analysieren, dass

Menschen, die grundsätzlich intrinsische Ziele, wie beispielsweise die eben erwähnte Gemeinschaft oder soziale Nähe, verfolgen, einen höheren Grad an Wohlbefinden und glücklichen Gefühlen erleben als Menschen, die extrinsische Ziele, wie Wohlstand oder Attraktivität, verfolgen. Achten Sie folglich darauf, wie Sie Ihre Ziele formulieren, da es – wie erwähnt – häufig auftritt, dass ein und dasselbe Ziel intrinsisch und extrinsisch erklärt werden kann. So könnten Sie das Ziel einer ehrgeizigen Arbeitsweise intrinsisch so erklären, dass diese positiv für Ihre Entwicklung wäre. Extrinsisch würde man diese womöglich mit einer baldigen Beförderung erklären. Bleiben Sie bei der Formulierung Ihrer Ziele also intrinsisch und werden Sie so glücklicher.

Konkrete Handlung

Im letzten Schritt der Schnittstelle zwischen Zielen und Verhalten geht es um die Frage des konkreten Handelns. Was genau müssen Sie tun? Hier geht es schließlich um genau definierte Verhaltensweisen und Maßnahmen, die Sie anwenden können, um Ihr konkretes Ziel auch zu erreichen. Je nach Ziel können diese variieren, jedoch eignet sich jedes Individuum im Laufe seines Lebens auch konkrete Techniken an, um Motivation aufzubringen und die persönlichen Ziele letzten Endes auch zu erreichen.

TRAINING DES POSITIVEN SELBSTBILDES

Um die Ziele positiver Psychologie am besten zu beschreiben, lässt sich sinnvollerweise das Stärken des eigenen Selbstbildes heranziehen. Nehmen Sie dieses also aktiv wahr und setzen Sie sich Ziele für Ihre Zukunft und die Ihres Selbstbildes. Eine häufig untersuchte Methode, sein sogenanntes „bestmögliches Selbst“ zu erreichen, ist das Aufschreiben positiver Gefühle und Tätigkeiten seiner eigenen Person. Dies kann gewinnbringend zur Steigerung des individuellen Selbstbildes sein. Es gibt jedoch eine geringe Anzahl an Menschen, die sich in dieser Sichtweise des Erreichens des „bestmöglichen Selbst" nicht wiederfinden und eine Gefahr des Perfektionismus in dieser Sichtweise sehen. So ist es für diese Sicht einfacher, am individuellen „besseren Selbst" zu arbeiten. Somit kann man viele kleine Schritte absolvieren und umgeht die Hürde des einen großen Hindernisses. Auch dies wirkt sich wiederum auf die jeweilige Psyche des Menschen aus, da diese kleineren Hürden entlastend wirken und die individuelle Motivation besser ankurbeln lassen.

Die US-amerikanische Psychologin Dr. Laura A. King entwarf 2001 hierfür ein praktisches Training zur Steigerung des positiven persönlichen Selbstbildes. Dieses wird Ihnen im Folgenden an die Hand gegeben.

Zunächst sind wichtige Voraussetzungen des Trainings ein starker Wille und ein gewisses Maß an Disziplin. Sie sollten das Training an vier aufeinanderfolgenden Tagen zur selben Uhrzeit absolvieren. Nehmen Sie sich also an den ausgewählten Tagen, zur ausgewählten Uhrzeit, jeweils zwanzig Minuten Zeit, um zu schreiben. Was Sie schreiben sollen, folgt in den nächsten Schritten. Ist es Ihnen absolut nicht möglich, diese Tagesabstände einzuhalten, so sollten Sie dennoch darauf achten, dass die Abstände zwischen den Tagen, an denen Sie schreiben, nicht zu groß werden, um keine Gedächtnislücken zu erhalten.

Am ersten Tag Ihres Trainings sollten Sie einen Bereich Ihres Lebens wählen, über den Sie die kommenden Tage schreiben wollen. Weiterhin entscheiden Sie über einen Zeitrahmen der Zielsetzung, beispielsweise fünf, zehn oder zwanzig Jahre. Versetzen Sie sich nun in die Situation am Ende der Zielerreichung und versuchen Sie, sich vorzustellen, wie sich Ihre persönliche Situation darstellen würde, würde bis dahin alles so perfekt wie nur möglich verlaufen. Sie müssen dazu Ihre Lebensziele nicht erreicht haben, Sie sind ihnen nur nähergekommen und haben in der Zwischenzeit alle sich bietenden Chancen gewinnbringend genutzt und Ihre Stärken bestmöglich ausgespielt. Versetzen Sie sich also in diese Zeit und tauchen Sie förmlich ein, um zu erleben, wie Sie sich dann in diesem Moment fühlen. Nach diesem Prozess beginnen Sie nun mit dem Schreiben und notieren alles, was Ihnen in der gefühlten zukünftigen Situation wichtig erscheint. Schreiben Sie alles nieder, was Ihnen in den Sinn kommt, auch, wenn es Ihnen anfänglich unwichtig erscheint. Nehmen Sie sich dafür fünfzehn bis zwanzig Minuten Zeit. Nach dieser Zeit legen Sie Ihren Text beiseite und rühren diesen am besten erst nach Ihrem gesamten Training wieder an. Nehmen Sie sich direkt nach dem Schreiben noch ein paar Minuten Zeit, achten Sie dabei auf Ihr Gemüt und Ihr Empfinden der Situation und versuchen Sie, mögliche Veränderungen in diesen wahrzunehmen.

An den nächsten Tagen, also den Tagen zwei, drei und vier des Trainings, wiederholen Sie dieses Schreiben eines Textes über einen Ihrer Lebensbereiche mit dem Unterschied, dass Sie jeden Tag über einen anderen Lebensbereich schreiben. Die Zeitspannen können hierbei ebenfalls variieren.

Langfristig kann Sie diese Übung in der Motivationssuche für Ihre persönlichen Ziele unterstützen und sie gibt Ihnen auch verborgene Ziele preis, die Sie aus dieser Entfernung nicht erkannt hätten. Lassen Sie sich also komplett auf sich ein, hören Sie auf Ihr Inneres und heben Sie sich Ihre Schriften auf, um neue Ziele vor Augen zu haben. Mit angemessenem Abstand (ca. sechs bis acht Monate) können Sie dieses Training auch wiederholen, versuchen Sie dabei, auch die Lebensbereiche immer wieder zu variieren.

Ausblick

Der ursprüngliche Gedanke der positiven Psychologie war es, zu beobachten, zu analysieren und zu erklären, wie sich Individuen persönlich und in den Kreisen einer Gemeinschaft positiv entwickeln können und wie dieser Prozess aktiv vorangetrieben werden kann. Auch Gesellschaften als großes Ganzes werden in diesem Prozess beleuchtet. Die Begründer der positiven Psychologie wollten vor allem eine Abgrenzung schaffen zur existierenden, defizitorientierten Psychologie und deren Ansatzweise, psychisches Fehlverhalten und kognitive Störungen zu beheben, um Wohlbefinden zu erlangen. Die neue Ansatzweise sollte eine aktive und bewusste Beschäftigung mit positiven Gefühlen herbeibringen und dahingehend einschreiten, nicht nur Negatives auszumerzen, sondern auch Positives aktiv herbeizuführen. Bis heute hat sich dieser Ansatz behauptet und stetig weiterentwickelt. Das positive Denken über Umstände und das gesamte Leben steht bei vielen Menschen heute im Vordergrund. Wissenschaftlich ausgedrückt, beschreibt die positive Psychologie Prozesse positiver Entwicklungen und fördert ein Verständnis der Zusammenhänge dieser. Daraus entsteht eine Verpflichtung zur Unterstützung von Individuen und Gesellschaften im Hinblick auf Analysen und Anwendungsmöglichkeiten für ein Fördern des Wohlbefindens und das Erlangen eines glücklichen Lebens.

Wie eben erwähnt, war dieser Ansatz zur Zeit der Begründung der positiven Psychologie Ende des letzten Jahrhunderts eine neue Denkweise. Das aktive und positive Handeln für ein glücklicheres Leben wurde von der Psychologie bis dato eher vernachlässigt, wodurch die positive Psychologie auch neue Impulse geben konnte, um bereits existierende Forschungsbereiche aus neuen Perspektiven zu betrachten und neu zu entwickeln. Ein signifikantes Beispiel für diesen Prozess ist das in den vorderen Kapiteln beschriebene Attributionsmuster, welches auf neue Weise für positive und funktionale Situationen erweitert wurde. Ebenfalls der „Erlernte Optimismus“ wäre beispielhaft für den Prozess der Erneuerung der Psychologie. Zwar ist das Forschungsgebiet der positiven Psychologie noch selten an Universitäten und Hochschule beheimatet, jedoch wächst die Zahl stetig. Ursprungsland bezüglich universitärer Studiengänge war hier die USA, doch auch von europäischen Nationen, wie England oder Dänemark, bis hin zur anderen Seite der Erde, Australien, reicht mittlerweile das universitäre Verständnis dafür.

Ein weiteres elementares Kennzeichen der positiven Psychologie ist die zu Beginn dieses Textes erwähnte Betrachtung der menschlichen Entwicklung im Laufe des Lebens und das damit verbundene Streben nach Sinn, Glück und einem Leben in Wohlbefinden. Dieser Prozess des Glücklichwerdens geschieht in vielerlei Bereichen, wie beispielsweise Familienleben, Arbeitswelt oder Schule, wodurch die positive Psychologie vor allem praktische Anwendung findet und durch Trainings und Coachings in Betracht gezogen wird. Dieser wichtige Aufgabenbereich wird im Onlineauftritt der renommierten International Positive Psychology Association kurz und prägnant zusammengefasst: „Die positive Psychologie geht von der Grundannahme aus, dass Menschen ein sinnvolles und erfülltes Leben führen möchten, ihre besten Seiten entwickeln und ihre Erfahrungen von Liebe, Arbeit und Spiel vertiefen. Um positive Emotionen zu verstehen, braucht es Verständnis darüber, wie Zufriedenheit mit der Vergangenheit entsteht, Freude in der Gegenwart und Hoffnung für die Zukunft.“

Weiter oben wurde über die Ziele der positiven Psychologie geschrieben und auch über die Ziele, die sie mit ihren Klienten hat. Das Ziel oder besser gesagt der Ausblick der positiven Psychologie im Hinblick auf sich selbst und ihre Inhalte wird ein weiterer Anstieg der wissenschaftlichen und praktischen Beschäftigung mit ihr sein. Ihre oberste Maxime wird es sein, einer immer größer werdenden Anzahl von Menschen die Möglichkeit zu verschaffen, glücklich zu sein und in

Wohlbefinden zu leben, trotz einer sich vollziehenden Veränderung der Welt in den Bereichen sozialer Gerechtigkeit oder in der Wirtschaft. Um inmitten dieser Herausforderung den Grundgedanken positiver Psychologie nicht aufgeben zu müssen, sind zielstrebige und engagierte Forscher vonnöten, die praxisbezogene Projekte für die Entwicklung der positiven Gefühle erstellen und zur Anwendung freigeben. Natürlich nicht in großer Bandbreite, jedoch in kleineren Pilotprojekten sind diese Ansätze neuer Methoden bereits erkennbar. So wird beispielsweise in Deutschland das sogenannte Schulfach „Glück“ in gewissen Kreisen diskutiert und in Australien existieren bereits erfolgreiche Schulmodelle, die eine einfache Unterstützung der positiven Entwicklung von Kindern anbieten. Auch in Schottland und England haben diese Modellschulen bereits vereinzelt Fuß gefasst und erfolgreiche Ergebnisse präsentiert.

Ein ebenfalls häufig angeführtes Beispiel ist die Anwendung der positiven Psychologie im Bereich der Wirtschaft, die immer schnelllebiger und profitorientierter wird. Durch Neustrukturierungen einer Feedbackregel oder eines Ausgleichs des Arbeitsalltags wird hier nicht nur an dem Wohlbefinden der einzelnen Individuen gearbeitet, sondern auch an einem funktionierenden Ganzen. Bewiesen ist in der Folge dieser positiv psychologischen Intervention eine erhöhte Leistungssteigerung, weniger Krankheitstage sowie ein höheres Maß an Kreativität und Aktivität am Arbeitsplatz. Somit hat dies nicht nur positive Auswirkungen auf einen Arbeitnehmer, sondern es kann für einen ganzen Konzern ein gewinnbringendes Ergebnis erzielen.

Der unschlagbare Vorteil der positiven Psychologie liegt in der Einfachheit ihrer Praxis, die zweifelsohne den grundsätzlichen Sinn der Forschung beschreibt. Durch die leichte Verständlichkeit der Vorgehensweisen erfreut sie sich immer größerer Beliebtheit in jeglichen Lebensphasen und -bereichen. Von den Feldern des Studiums, der Psychotherapie und der Unternehmenswelt bis hin zu den verschiedenen Alternativen von Coachings ist die positive Psychologie hilfreicher Begleiter durch die niedrige Hemmschwelle ihrer Anwendung und durch die Vielzahl an Interventionsmöglichkeiten und Trainings. Hoffentlich ist sie auch für Sie ein steter Freund, der Sie nie vergessen lässt, welche Ziele Sie in Ihrem Leben verfolgen, welche Motivation Sie dafür aufbringen können und welche Dinge Sie benötigen, um ein glückliches Leben samt positiver Gefühle und in Wohlbefinden zu führen.

Literaturverzeichnis

- https://www.dgpp-online.de/home/positive-psychologie-2/
- Michaela Brohm-Badry, Benjamin Berend (2017): Positive Psychologie: Grundlagen, Geschichte, Elemente, Zukunft. Universität Trier.
- https://www.dgps.de/index.php?id=160
- https://web.archive.org/web/20071121193940/http://www.geocities.com/Athens/Delphi/6061/en_linha.htm
- http://platon-heute.de/seelenlehre.html
- https://www.salus-lsa.de/themen-hilfen/diagnose-psychisch-krank/psychiatrie-in-der-vergangenheit/
- https://ze.tt/laut-harvard-studien-brauchen-wir-genau-eine-sache-fuer-ein-erfuelltes-leben/
- https://ebookcentral.proquest.com/lib/fhws/detail.action?docID=4344743
- https://www.ippanetwork.org/
- Blickhan, Daniela; Eid, Michael: Positive Psychologie: Ein Handbuch für die Praxis. Paderborn: Junfermann Verlag, 2018

Wir danken Ihnen für Ihr Interesse und Ihr Vertrauen. Als Dankeschön dafür, haben wir eine besondere Überraschung. Damit Sie **jeden Tag ein passendes Mantra** haben, stellen wir Ihnen eine exklusive Liste mit Mantras zur Verfügung. Das Beste daran: Sie erhalten diese vollkommen kostenlos. Das klingt wunderbar? Dann warten Sie nicht lange und holen Sie sich Ihr Gratis-Geschenk.

Hier geht es zu Ihrem Gratis-Geschenk:

https://forms.gle/eBSJsb3i8WFM9mKD8

1. **Öffnen Sie die Kamera-App auf Ihrem Smartphone und richten Sie die Kamera auf den QR-Code.**
2. **Klicken Sie auf den Link, der Ihnen angezeigt wird und schon werden Sie zur Website weitergeleitet.**

Impressum

Herausgeber: Orbita Media Verlag GmbH & Co. KG / Ericusspitze 4 / 20457 Hamburg
Kontakt: kontakt@empireofbooks.de
Website: https://empireofbooks.de
Coverbild: Shutterstock

Haftungsausschluss:
Die Nutzung dieses Buches und die Umsetzung der enthaltenen Informationen, Anleitungen und Strategien erfolgt auf eigenes Risiko. Der Autor kann für etwaige Schäden jeglicher Art aus keinem Rechtsgrund eine Haftung übernehmen. Haftungsansprüche gegen den Autor für Schäden materieller oder ideeller Art, die durch die Nutzung oder Nichtnutzung der Informationen bzw. durch die Nutzung fehlerhafter und/oder unvollständiger Informationen verursacht wurden, sind grundsätzlich ausgeschlossen. Rechts- und Schadenersatzansprüche sind daher ausgeschlossen. Dieses Werk wurde sorgfältig erarbeitet und niedergeschrieben. Der Autor übernimmt jedoch keinerlei Gewähr für die Aktualität, Vollständigkeit und Qualität der Informationen. Druckfehler und Falschinformationen können nicht vollständig ausgeschlossen werden. Es kann keine juristische Verantwortung sowie Haftung in irgendeiner Form für fehlerhafte Angaben vom Autor übernommen werden. Die bereitgestellten Analysen, Vorschläge, Ideen, Meinungen, Kommentare und Texte sind ausschließlich zur Information bestimmt und können ein individuelles Beratungsgespräch nicht ersetzen. Alle Informationen dieses Buches entsprechen dem Kenntnisstand zum Zeitpunkt des Verfassens dieses Buches. Eine Haftung für mittelbare und unmittelbare Folgen aus den Informationen dieses Buches ist somit ausgeschlossen.
Informieren Sie sich weitläufig aus unterschiedlichen Quellen und bedenken Sie, dass am Ende nur Sie für die Entscheidungen verantwortlich sind.

Haftung für externe Links:
Unser Angebot enthält Links zu externen Websites Dritter, auf deren Inhalte wir keinen Einfluss haben. Deshalb können wir für diese fremden Inhalte auch keine Gewähr übernehmen. Für die Inhalte der verlinkten Seiten ist stets der jeweilige Anbieter oder Betreiber der Seiten verantwortlich. Die verlinkten Seiten wurden zum Zeitpunkt der Verlinkung auf mögliche Rechtsverstöße überprüft. Rechtswidrige Inhalte waren zum Zeit-punkt der Verlinkung nicht erkennbar.